QINGMINGSHANGHETU
SHANGDE HONGQIAO

《清明上河图》上的虹桥

王伯惠　李亚木　王晓辉　著

人民交通出版社

图书在版编目(CIP)数据

《清明上河图》上的虹桥/王伯惠,李亚木,王晓辉著.—北京:人民交通出版社,2013.7

ISBN 978-7-114-10774-0

Ⅰ.①清… Ⅱ.①王…②李…③王… Ⅲ.①古建筑—木桥—拱桥—研究—开封市 Ⅳ.①U488.22

中国版本图书馆CIP数据核字(2013)第155005号

书　　名:《清明上河图》上的虹桥
著 作 者:王伯惠　李亚木　王晓辉
责任编辑:刘永芬
出版发行:人民交通出版社
地　　址:(100011)北京市朝阳区安定门外外馆斜街3号
网　　址:http://www.ccpress.com.cn
销售电话:(010)59757973
总 经 销:人民交通出版社发行部
经　　销:各地新华书店
印　　刷:中国电影出版社印刷厂
开　　本:720×960　1/16
印　　张:8.5
插　　页:1
字　　数:100千
版　　次:2013年8月　第1版
印　　次:2013年8月　第1次印刷
书　　号:ISBN 978-7-114-10774-0
定　　价:30.00元
(有印刷、装订质量问题的图书由本社负责调换)

前　言
FOREWORD

北宋张择端所绘《清明上河图》已被学术界誉为国之瑰宝。不少学者对其做了广泛深入的研究，目前已经发展为“清明上河学”。其上的“虹桥”亦早已引起国人重视，研究古桥史的学者们对它进行了大量的调查研究，出版了几部专著。

木拱桥虹桥和石拱桥赵州桥同为中国古代桥梁的两朵奇葩。石拱桥在古代国外如罗马等也多有修建，而虹桥式木拱桥则为我国先人所独创，其结构技术之高超远远超过了石拱桥，主要是：

①结构构思巧妙，以多根木梁通过横木搭压成拱，既构成了折线拱受力，又能发挥木梁的抗弯能力，以较短的木梁可建成跨径30～50m的大跨拱桥。

②木梁连接简单，加工量少，木料损伤少，施工不像石拱桥那样小块砌筑，而是整梁搭压，因而建设快速，而且整桥拆除后木料仍可继续使用。

③木拱桥轻便，较软地基亦可修建。

研究获知，虹桥式木拱桥首创于北宋山东之青州，后推广于安徽之宿州，及沿大运河、汴河，由泗州直至宋都开封一千余里普遍修建。及金兵入侵，北宋南迁至杭州为南宋，造桥技术亦传到南方。经调查至今浙闽山区尚保存古桥二百余座。虽然木料不耐腐朽，但古桥中尚有多座为一二百年前者。这种桥式西至四川酉阳、利川，西北至甘肃渭源，皆有发现。跨径最大达40余米。近代武汉、上海等地还曾修建了几座小型样板桥。

虹桥虽然构造简单，但其结构计算分析则十分复杂。目前坊间有关出版文献多为史料叙述，也曾看到两三篇谈到设计的论文，但介绍构造细节者多，论述结构及计算理论者少，或仅寥寥数字，一笔带过，语焉不详。圬工拱桥的结构理论是19世纪德国学者A. Strassner首先研究出来的，虹桥这种木拱桥为中国所独有，国人对其结构分析应责无旁贷地予以深入的了解和阐述。

《清明上河图》的真本于1950年在当时的东北博物馆（现辽宁博物馆）库房被文物专家杨仁凯发现，后即公开展出。笔者于辽宁交通系统工作，有幸于1953年即看到该图，并曾对其描述的虹桥作了一些结构分析的探索，经过多年业余时间断断续续的工作，除了弄清其结构特点和几何计算等之外，发现其结构力学计算很难用解析方法表达，而须借助于有限元法。本书就是笔者若干年来探索的一些心得，这里整理出来，作为填补这一空白，仅供大家参考指正。附带提到，虹桥历来称谓甚多，根据其构造特点，笔者建议定名为“梁架拱”，这在书中将专门提到。

本书共分8章，第1章概述虹桥的发生和发展简况，第2章讨论结构特点，3~6章为几何计算，桥型确定和节点计算，第7章为结构力学计算。由李亚木负责完成，邓学军也参与做了大量工作，谨此致谢。

《清明上河图》真本上有历代收藏者13人的14次题跋，可以查明其历经4个朝代，5次入而又出皇宫的传奇历史，但自伪满倒台，流入民间，以后又如何回归到新中国的东北博物馆（现辽宁博物馆），后又上调北京故宫博物院这段故事则鲜为人知。为此特由王晓辉收集历年辽沈报刊有关采访报道文章，整理为文，作为第8章，以补足这段传奇历史。

笔者1953年看见虹桥的结构之后，即曾试图对其进行力学分析解算。限于当时的水平，只能采用近似的方法，其结果曾摘要刊载于1962年中国土木工程学会年会论文集上。这次将其部分内容节录作为附录列于本书之末，以示早期为求解所作的努力之一，聊供参考而已。

王伯惠

2013年6月

目 录
CONTENTS

1 “虹桥”的发生和发展

北宋张择端所绘《清明上河图》为国画瑰宝，其真迹于1950年由文物大师杨仁凯先生在辽宁清宫散失文物中发现之后，随即在当时的东北博物馆（后辽宁博物馆）展出，20世纪50年代初我在沈阳即有幸看到。作为桥梁工作者，对其上所绘的虹桥——一座结构十分特殊的木桥（图1-1）就十分感兴趣，曾在业余对它断断续续地作了一些技术上的研究，直到60年后的今天，这方面的一些收获将在下文专述。有关《清明上河图》的研究当今已发展成了“清明上河学”[2]，出版了许多专著，但关于虹桥的结构技术研究者却还未见。本书试图填补这一空白。本章首先叙述其发生和发展的经历。

1.1 虹桥的创建和早期发展

《清明上河图》是描述北宋徽宗宣和年间（1119—1125年）汴京（今河南开封）的繁荣都市平民生活场景。但画上的那座结构新颖巧妙的虹桥的型式却不是那个时候才有的。据《渑水燕谈录·事志》记载：

“青州城（今山东青州市，在淄博与潍坊之间）西南皆山，中贯洋水限为二城，先时跨水植柱（打桩）为桥，每逢六七月间山水暴涨，水与柱斗率常坏桥（水冲刷桥桩常使桥塌），州以为患。明道年间（宋仁宗，1032—1033年）夏（竦）英公守青，思有以捍之，会得牢狱废卒有智思，叠巨石固其岸，取大木数十相贯，架为飞桥，无柱

（河中不设桩墩），至今 50 余年，桥不坏。庆历（宋仁宗，1041—1048 年）中陈希亮守宿（今安徽宿州，在河南开封与江苏盱眙洪泽湖北岸的管镇——古泗洲城之间，处汴河北岸），以汴桥坏，率尝损官舟害人，乃命法青州所作飞桥，至今沿汴[1]皆飞桥，为往来之利，俗曰虹桥”。

还有《宋史》陈希亮传也载有：

“州跨汴为桥，水与桥争常坏舟，希亮始作飞桥，无柱，以便往来，诏赐缣以褒之，乃下其法，自畿邑至于泗州皆为飞桥”。

这些论述清楚说明：这种桥型是 980 年前宋朝山东青州一个退伍的监狱守卫兵（牢狱废卒）所创建，过了十来年推广到安徽汴河北岸的宿州。由于可用短小木料建成大跨（20 ~ 30m）拱桥一跨过河，河中无墩，既便于船运，又不易水毁，因而从都城开封（畿邑）至于长江北岸的泗州的长达千余里的汴河上都修建这种桥，恐有三五十座吧？当时的汴河即为隋朝开发的大运河的一部分，称通济渠，将江南的长江和黄河南岸的隋朝新都洛阳连接起来，为极为重要的粮食和军运通道。唐、宋继续沿用，特称漕运。而在北宋，为了满足当时人口已达 150 万的世界第一大都市生活的需要，还在开封城内开通汴、蔡（惠民）、金水、五丈（广济）四河，联通各地漕运，称为漕运四渠，其中金水河主要提供饮用水源，汴河为运输大动脉，年运粮 600 万石（据《梦汐笔谈》）。按一石约合 69. 2kg 计，达 4. 15 亿 kg，由此可见汴河运输之繁重，也可推知两岸的繁荣和虹桥在这条河上的重要了（图 1-2）。

---

[1] 据《桥梁史话》从黄尧圃校宋本。宋本“沿汴”为“沿汾”，则山西省汾水上都是这种“飞桥”，未见旁证。

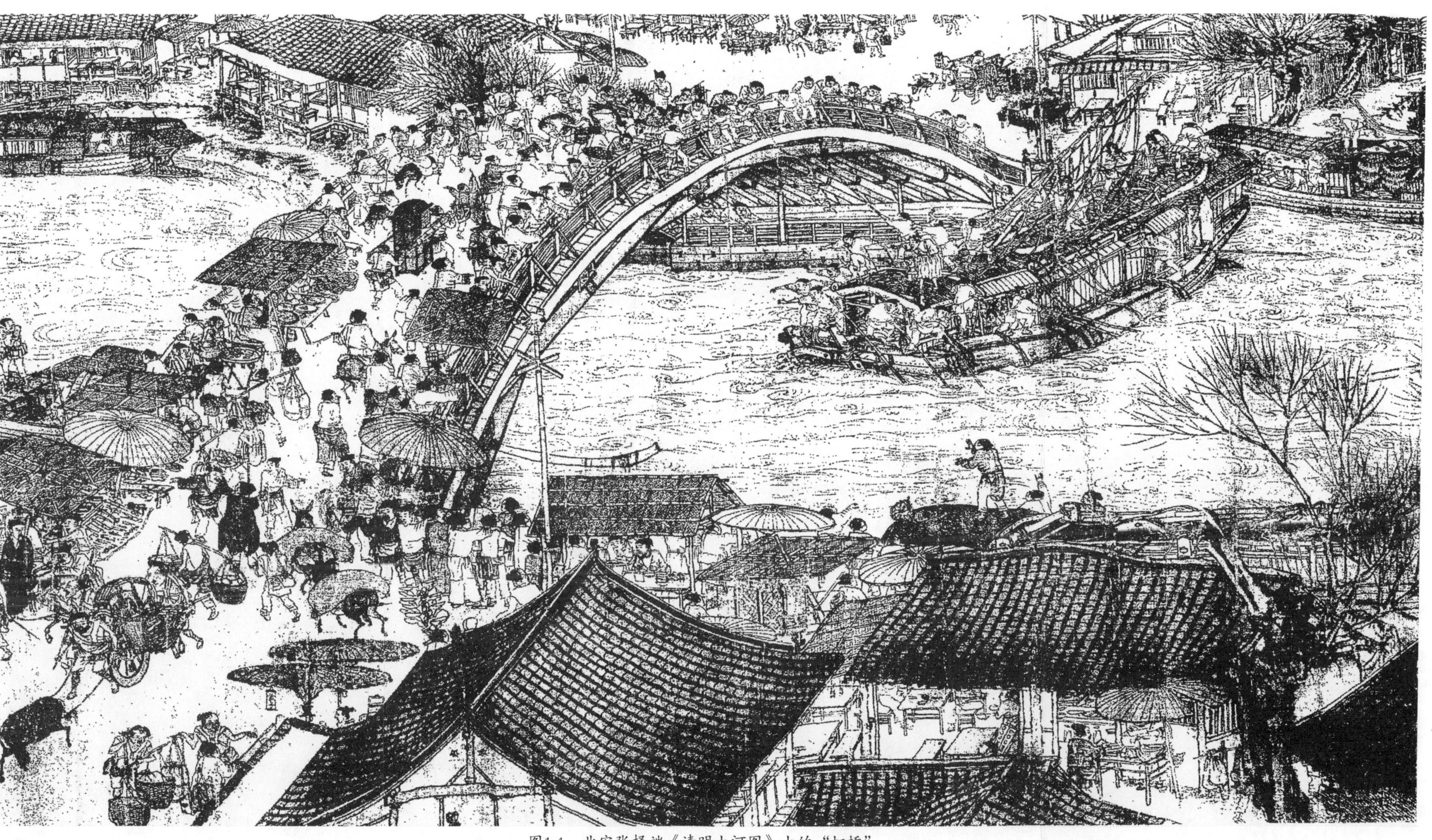

图1-1 北宋张择端《清明上河图》上的“虹桥”

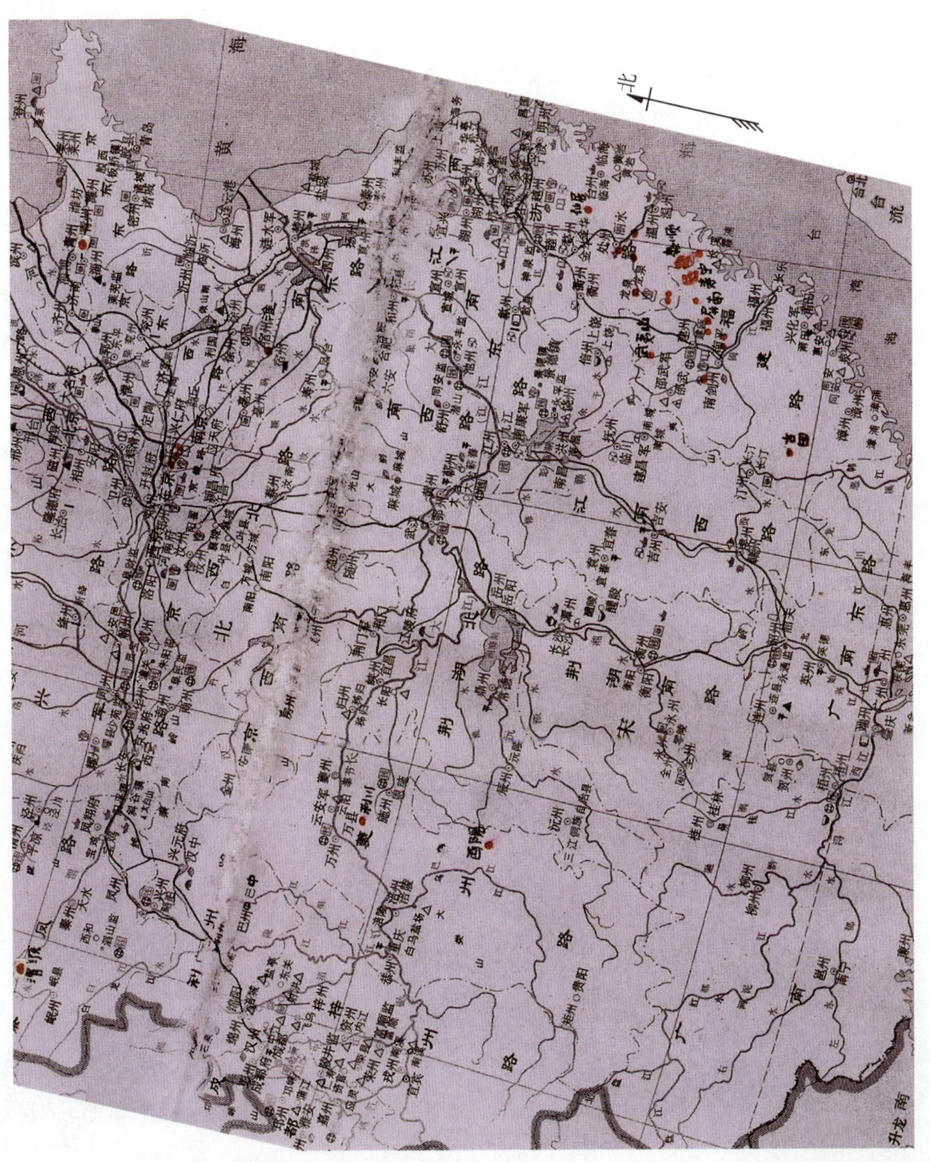

图1-2 虹桥的分布[5]

1.2 虹桥的具体位置

北宋汴京古城由于黄河河床逐年抬高，已埋在现今地面以下约10米，那座桥的具体位置已无法查考，但在孟元老的《东京梦华录·河道》中有明确的记载："自东水门外七里至西水门外，河上有桥十三，从东水门外七里曰虹桥，其桥无柱，皆以巨木虚架，饰以丹雘（红色油漆），宛如飞虹。其上、下土桥亦如此（亦为虹桥型式）。入水门里曰便桥，次曰下土桥，次曰上土桥。投西角子门曰相国寺桥，次曰州桥，（正名天汉桥）……"按汴京有宫城、内城、外城三围城墙，虹桥在外城之外，而同一型式的上、下土桥在内、外城之间❶。

据此，已有专家按此记载绘成汴京漕运四渠及汴河上虹桥以西至西水门的十三座桥的图，如图1-3[3]所示。但也有人认为画面上的那座虹桥应当是内城外的上土桥，理由是：(1)《东京梦华录》说东水门"其门跨桥，有铁裹窗门，遇夜如闸垂下水面，两岸各有门通人行路，出拐子城，夹岸百余丈"。可见共有三个城门，而画面上只有一个，故似应为内城东角子门外的上土桥，那里东西有城门三个。(2)汴京外城高大雄壮，而且有专人"旦暮修整，望之耸然"（《东京梦华录》），而画面上的那座城门甚为破败，两侧是土墙，其上及两侧皆有杂树，未经精心修缮，可能因北宋末年年久失修、"颓缺弗备"（《宋会要》）之故，似更应像内城。经研究，笔者认为画面上的虹桥应在外城之外，理由是：

①汴京三围城墙的规模在文献上是有记载的，据参考文献［2］

❶ 参考文献［2］73页上土桥在内城之内，与81页图矛盾，有误。

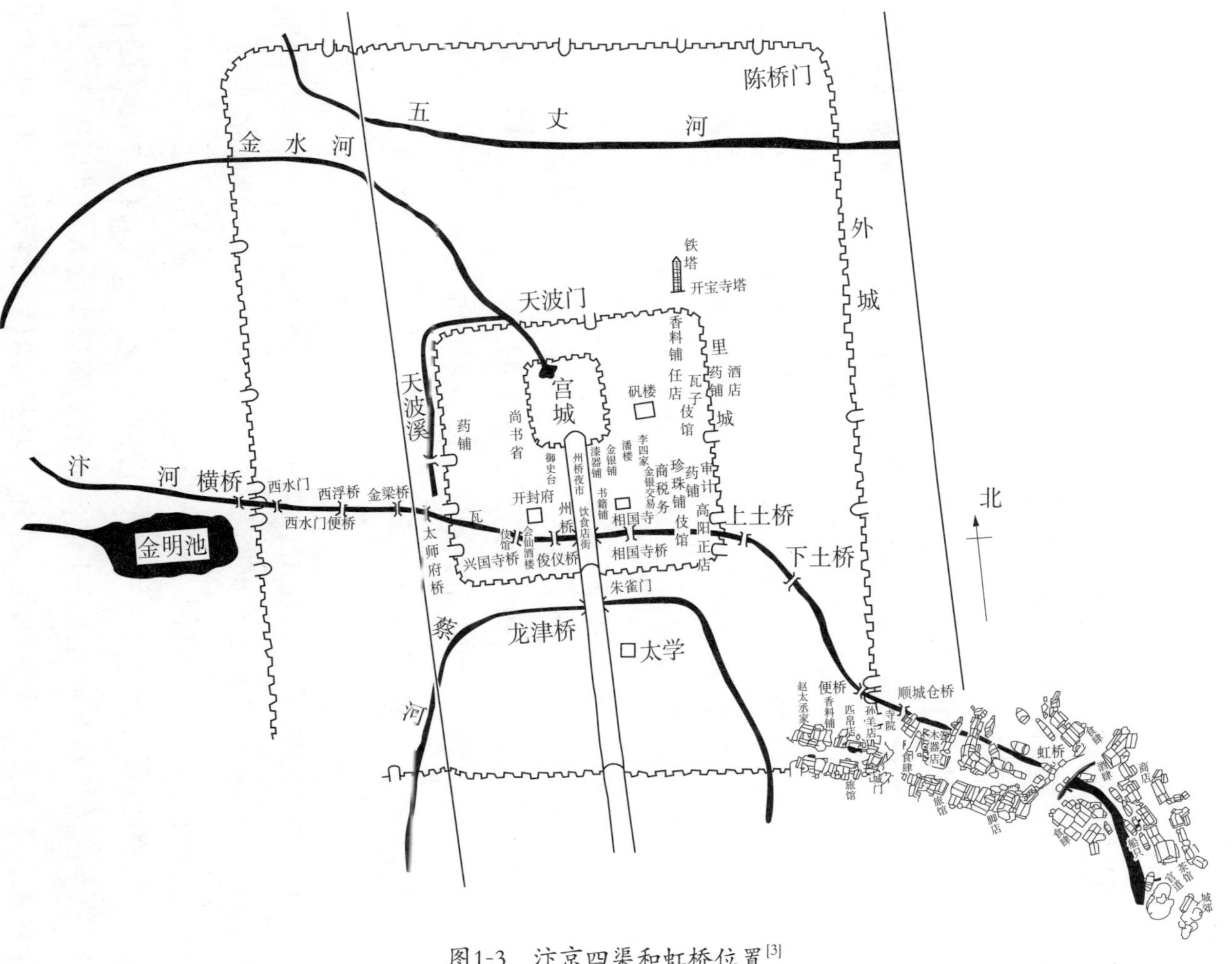

图1-3 汴京四渠和虹桥位置[3]

14~17页：外城“围长50里165步（1步约等于1.5m）南北长而东西稍窄，呈长方形，土筑，只有转角处和城门口才用砖砌。墙高4丈，女墙高达7尺，建有城墙基宽5丈9尺以及各种御敌设备”。内城“周长20里155步”。宫城“周长5里”。经核算图2中外城与内城周长比例尺基本相同，只是按同一比例尺则宫城周长为6里左右，稍大于5里，误差不大，且不影响本文的讨论。这样，按图容易得出：内、外城东西相距2.7里，南北相距4.0里，两墙角斜距也只有4.9里，《东京梦华录》指出虹桥距水门7里，那在内、外城之间是安排不下的。

②从《清明上河图》上看，如虹桥在城门外的距离以7里计，则图的右（东）侧起点应距桥10.7里。如图上的虹桥是内、外城之间的上或下土桥，则东端还应当通过外城的城墙，这在画中是根本看不见的。

③画的东端起点是荒郊野外，偶见零星农舍，经过4里多之后才略见密集人家和人群。汴京当时已是人口150万的大都市，外城规模不过11.4里×14里，如1里以0.5km计，不过5.7km×7km，城内应当是市井辐辏，人烟密集，城内还有这样长距离的荒漠野外，是不可能的。

④主张“内城说”的理由说画上应见三座城门，不当。由画可见，汴河过虹桥之后约2.5里即急转向西北而去，画上继续描绘的是陆路通行的大道，直奔城门，这座城门本身就占了画幅南北的整个高度，而水门在城门之北，另一座人行门在更北，两人行门“夹岸百余丈”，在图的竖幅上是无法绘下的，而纵幅则是描绘入内城后街道的繁荣景象，并未去绘另外两门。另外，画上的城门已经相当雄伟坚强，破败失修之说似嫌牵强。

1.3 虹桥的跨径

《宋会要》记载：“大中祥符八年（宋真宗，1015 年）马元方请浚汴河，中流阔五丈，深五尺，大约汴舟重载入水不过 4 尺，今深 5 尺，可济漕运”。如按 1 丈 3.33m，1 尺 0.333m 折合，则汴河宽 16.7m，深 1.67m，汴河里重载船吃水 1.33m，满足漕运需要，重载船可从桥下通过。

“流阔五丈”应指人工疏浚河道的河底宽度。水深四季变化，水面宽是不固定的，河道工程应以河底宽为准方能指导施工。开封汴河地处黄河下游冲积平原，土质皆为细粉土，河岸坡度最少 1∶2 才能稳定，但图上显示，桥北上下游皆为石质陡岸，故按 1∶1 计。按此推算，水深 1.67m 时水面宽应有 20.04m（图 1-4）。

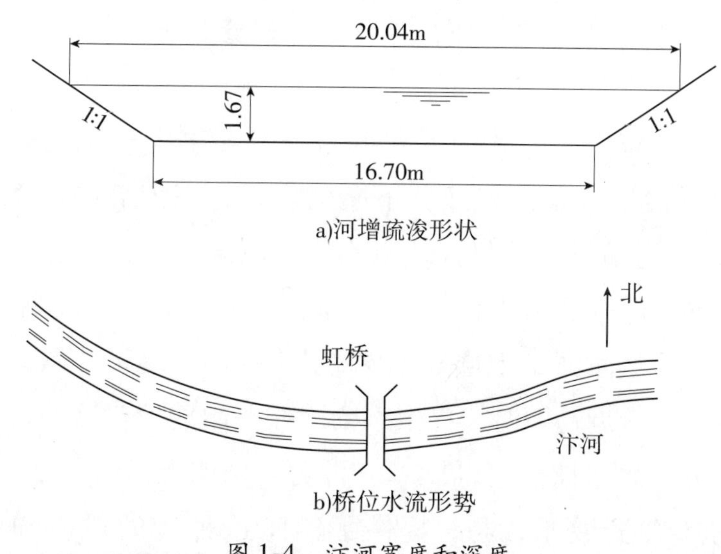

图 1-4　汴河宽度和深度

一般石岸（北岸）皆在岸边筑桥台，以保稳固，故两侧桥台下净宽在 21m 左右。虹桥两端木梁尚有部分伸至台后土中（见本文第 2

章，图 2-2），因此，桥梁的结构跨径在 24m 左右。

这个尺度由《清明上河图》实绘的虹桥尺寸印证，桥中部拱顶上有一人站立，如以其身高作为标尺，则桥跨有 23. 5m，与上符合。同样可估算矢高为 7. 8m。

以上尺寸与参考文献［1］所估“跨径近 25m，净跨 20m 左右”甚为接近（有的资料估算跨径 18. 5m，20m 等，似偏小）。

1. 4 “虹桥”的后期发展

就在《清明上河图》绘成数年之后，靖康元年（1126 年）金兵攻占汴京，掳徽、钦二宗北去，北宋亡国，史称靖康之难。徽宗第九子康王赵构，南逃南京（今河南商丘南）即位（1127），是为南宋，不久又南逃临安（今浙江杭州），立住了足。这时北方人民也大量南逃浙江一带，其中也有修建虹桥的技师，这就把虹桥修建的工艺知识带到了那里，这是从 1981 年浙江省交通厅黄湘柱总工赠我的他们编写出版、内部发行的《浙江桥梁（第二部分）民间桥梁》一书中认识到的。书上所说的“民间桥梁”多是清代遗留下来的古桥，书上有“屋盖式木桥”（即桥上修有木房盖供来往行人休息和躲避风雨之用，还有摆设神龛供人烧香拜神的，即今之廊桥），分为“平桥”和“撑桥”两种。“平桥”即在墩顶铺设多层木梁，上层较下层悬出1 ~ 2m，逐层外悬，形成悬臂墩，两墩悬出，接近跨中时，再用木梁连在一起成桥，这种桥式在西北等地区也常见，而“撑桥”（图 1-5）即为《清明上河图》上的“虹桥”型式，有的还有发展，书上共提供了四座这种桥的说明和照片，它们是：

①泰顺县营岗店桥，全长 33m，净跨 28. 3m，桥面宽 5. 1m，八字撑式，当地称为“鹊桥”又称“蜈蚣桥”。县内此种桥共有几十座

之多，真可谓是“虹桥大县”了，其中叶树洋桥至今已有430余年（原文无具体年代，推算应为1150年，明嘉靖29年），如图1-5a）所示。

②泰顺县泗溪溪东桥，建于清道光7年（1827年），全长38m，净跨27m，桥面宽5m。

③泰顺县泗溪下桥，建于清道光29年（1849年），全长50m，净跨31m，桥面宽5m。

④云和县梅漴桥，建于清同治二年（1863年），全长51.2m，净跨33.4m，桥宽5m。如图1-5b）所示。

a)泰顺县营岗店桥，净跨28.3m（建造年份不详）

b)云和县梅漴桥，净跨33.4m，同治二年（1863）

图1-5 浙江古代“八字撑桥”（虹桥）

所有这些桥除桥面有屋盖（有些还在跨中和桥头建阁楼等），两侧还有木风雨板。木建筑在南方多雨潮湿地区，时干时湿，最易腐朽，这些桥竟能寿达数百年之久，屋盖和风雨板的防水作用功莫大焉。原文称这种屋盖式木桥全省共有200座左右，其中虹桥型式的“撑桥”有多少座，未详，笔者估计应有多半即一百多座吧。因为浙江山多，这种桥最适应上述各县及龙泉、庆元、云和等武夷山地区，桥跨可达30余米以上，“桥高跨大，山汐河流山洪暴发时所夹带的大量漂流物可以顺利通过，不受影响”，在上述“木材丰富的山区县较常见”。反之“平桥”跨径只能作到十余米，只在平原地区才较适用。

还应提到，新中国后浙江省也曾先后建造了两座这种“八字撑桥”：（见该书113页）

①青田怀仁桥：单孔全长33.5m，净跨29.54m，桥面宽5m，1963年9月建成，如图1-6a）所示。

②泰顺双埕桥：全长41m，净跨31m，桥面宽5m，1955年建成。如图1-6b）所示。

在该书上我还看到茅以升先生的“序言”，才知道当时在他的大力倡议下，中央已同意成立“中国桥梁技术史”的编写组，并在1980年秋在杭州召开部分定稿会议。对祖国广博宏伟的宝贵桥梁遗产能有专人和专项经费进行调查收集，编著成书，实是令人十分高兴的事。1986年我即看到了茅先生主编的《中国古桥技术史》由北京出版社出版，并由参加编写的杨高中高工惠赠一册。由前言中获知，该书集中全国桥梁精英24人参加编写，调查全国十余个省份的实桥。经历6年时间，于1984年付梓。全书彩色和黑白图片392幅，论述36万余字，内容翔实丰富，实为对我国科学技术史的巨大的贡

a)青田县怀仁桥，净跨29.54m，1963年

b)泰顺县双埕桥，净跨31m，1955年

图1-6 浙江现代“八字撑桥”（虹桥）

献。得书后我首先拜读了“木拱桥”一节（由唐寰澄、张尚杰同志执笔编写）。其中除详细论述了虹桥和介绍了前述浙江诸桥外，还介绍了福建屏南千乘桥（两孔，每孔跨径26m，全长60m，宽5m，建于清嘉靖25年，1820年），屏南龙井桥、溪坪桥、古田公心桥等。文末提到甘肃渭源桥，两端为悬臂墩式，跨中用八字撑桥（虹桥）连结，应为浙江所谓“平桥”和“撑桥”之协作型式，是木桥结构的又一发展（图1-7）。从这里我了解到虹桥后期还发展到福建以及西北的甘肃一带。

a)实桥照片

b)仰视图

图 1-7 甘肃渭源桥，悬臂墩式与虹桥协作桥（1914 重建）

事有凑巧，正当我撰写此稿时，又看见了《桥梁》杂志最近几期连载的唐寰澄总工新著《中国木拱桥》部分章节。20 世纪 90 年代我和唐总曾在广州虎门技术咨询公司共事多年，2001 年才先后离开公司。后来他于 2003 年 12 月、2004 年 10 月又两次应福建省文物部门之邀考察了福建东北部寿宁、拓荣、南屏、南平、顺昌、武夷等地的古传虹桥等的真迹，收集资料，统计得出中国后期虹桥式桥梁超过 150 座。其中现存者福建东部地区达 63 座，比浙江（22 座）还多，书后附表列出各桥情况。该书是近年公开发行，故不引述，只列其特殊者如下：

①现存虹桥式桥梁跨径最大者为福建寿宁县鸾峰桥，又名下党桥，嘉靖 5 年（1800 年）建，全长 47.6m，跨径 37.6m，宽 4.9m，(图 1-8)。据称，还曾有跨径达 41.0m 的九岑溪桥，后因桥台基础不牢，被洪水冲垮[8]。另有浙江泰顺三滩桥，拱跨 42m，建筑年代不详，1950 年方被大水冲垮[7]。

图 1-8 福建寿宁县鸾峰桥（跨径 37.6m，1800 年）（现存最大跨径虹桥）

②现存虹桥式桥梁，多孔跨径最多者为福建屏南县万安桥，又称长桥、彩虹桥、公济桥，5 石墩 6 孔全长 98.2m，拱跨 10.6 ~ 15.3m，桥宽 4m，该桥建筑年代不详（图 1-9）。

③现存虹桥式桥梁，历史最古老而又有据可查者有浙江泰顺县叶树杨桥，距今已 430 余年[6]，据推算建成于 1535 年前后，为明嘉靖 13 年左右，原文其余情况不详）。福建寿宁县仙宫桥，又名玉带桥，重建于清乾隆 32 年（1767 年），距今 244 年[8]，全长 27m，跨径 24.5m，宽 5.1m（图 1-10）。顺便提到，前条万安桥，曾于 21 世纪初发现中间墩侧面嵌有一碑记，54 字，为一名江慎者捐粮款修建一墩，乞保亲长平安，时为元祐 5 年庚午 9 月（1090 年，宋哲宗年代），距今已 921 年[8]。由于详情无其他叙述，无法肯定这个桥墩是否曾毁坏重建，尤

其上部桥体，是否一开始就是虹桥型式（该桥跨径不大，又在山间平地，易由悬臂墩式桥解决），中间是否重建等皆未可知，故不能断定这桥是宋代原桥，如果是则此桥当可与我国现存著名另一古代木结构山西应县木塔（辽宁清 2 年，1056 年，距今 955 年）南北交相辉映了。

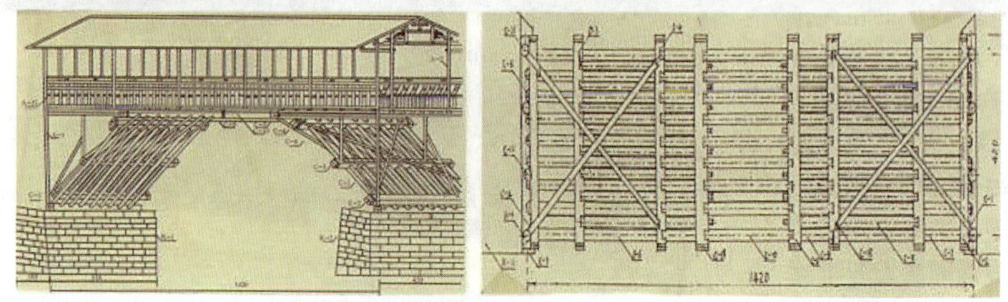

图 1-9　福建屏南县万安桥（6 孔跨径 10.6～15.3m）（现存最多孔虹桥）

图 1-10　福建寿宁县仙宫桥（跨径 24.5m，1767 年）（现存寿命最长虹桥）

文献［8］叙述了当今国内新建的几座虹桥情况，不另重复，但想提出两点感想：

①近年河南开封新建一旅游复古景点清明上河园，力求重现当年汴京繁华景象，也在那里按原样建造了一座虹桥，但为钢筋混凝土结构，而非木建，甚感遗憾。不用木建的原因可能有二：一是要过重载汽车，但在公园里即使过汽车也只是轻型的轿车等，虹桥是可以胜任的；二是耐久性问题，留待后述。

②美国波士顿电视台捐款在上海清浦区金泽镇修建一座小跨13.2m，宽3m虹桥以拍科教电视节目。请唐寰澄为总顾问，同济大学设计院杨士金教授具体设计，清浦古代建筑修整所施工，1999年11月竣工。建成以后通车庆祝，轰动一时，但只过了三年多，2003年3月和9月检查时见栏杆已断裂破损而拆除，拱杆接头节点处索断木朽，必须彻底大修。后来用钢管折换部分木梁，于2005年4月修复。古代修建的虹桥式木桥在浙、闽潮湿地区至今有达一二百年以上者多座还在使用，而21世纪在我国科技最发达领先的上海却过了三年多就须大修，不管是甚么原因和理由，这确实不得不令人遗憾、震惊，甚至痛心了。回忆新中国成立初期20世纪50年代，为了弥补战争创伤，赶快恢复交通，根据当时的物质条件，全国大修木桥。当时木桩、木梁者称为临时性木桥，后来有了些水泥了，开始建石台木面桥，称为半永久性桥，木桥面不防腐，但皆要求寿命5年以上，一般都无问题。当时交通部在全国推广苏联木桥防腐的精重油（生产石油的副产品）冷热槽防腐法，用防腐木料修建者称为永久性木桥，要求寿命50年。那时从黑龙江大兴安岭原始森林采伐木料，一年达一二百万立米之巨，供应全国。辽宁公路一年需木材一二万立米，专门在省北部铁路入省不远的开原设防腐厂，卸留省用木料，分类防腐，然后按根数供应各

地建桥，取得很好的效果。直到60年代初，由于北部森林过渡采伐，影响再生，再加当时国家（主要是鞍钢）已能生产相当钢材，这才停建木桥，开始发展钢筋混凝土桥。中国为木材资源贫乏国家，森林覆盖率仅12.98%（世界平均31%，苏联达75%），不宜发展木桥。但修建一些有纪念意义的仿古桥梁如开封的虹桥，本着“修旧如旧“的原则还是应以木料为首选，至于防腐和寿命问题，我们有古代和当今的丰富经验，50年以上是可以保证的。在边远封闭、交通困难而又富产木料的山区，就地取材、因地制宜，修建虹桥（可以容易作到较大跨径）式桥梁，如浙闽山区一样，可收造价低廉、施工快速之利，应是合理可行的，但应重视防治腐蚀，以免造成如上海金泽桥那样“今不如昔”之弊。

1.5 虹桥的正名：梁架拱

宋代的虹桥（木拱桥）和隋朝修建留传至今的赵州桥（石拱桥）是我国古代桥梁的两朵奇花，而前者更是我国所独有，而且都是劳动人民所创建（前者为一“牢狱废卒”，佚名，后者为木匠李春），我们应当继续深入发掘，并发扬光大。

“虹桥”历来称谓复杂，首建于山东青州者称“飞桥”，续建于安徽宿州者称“虹桥”，今浙闽山区留存百余座称“蜈蚣桥”、“鹊桥”。还有叫“永久性桥”的。20世纪60年代浙江者调查称“屋盖桥”、“撑桥”，后来一些专家称“叠梁拱”、“贯木拱”。笔者意见，这种桥实系若干木梁通过横木互相搭架而成，各梁顶点相抵触，形成拆线拱，而又都在中点受横木互压，主要起梁的作用，故建议正名为“梁架拱”，更能反映其结构特性，下文在讨论结构时我们统称其为梁架拱。

2 虹桥——梁架拱的结构研究

2.1 虹桥——梁架拱的结构特点

1950 年冬，清明上河图的真本在辽宁发现后，就一直在当时的东北博物馆展出，直到 1955 年上调北京故宫博物馆。我因在辽宁交通系统工作，有幸多次看到这幅珍品。上面画的那座虹桥（图 2-1），画面生动真切，完全符合现代透视学原理。桥体结构展现清楚，所有细节皆细致描绘，无一遗漏，是一座结构十分独特的木桥（图 2-2），其特点为：

图 2-1 清明上河图上的“虹桥”（汴绣）（明信片）

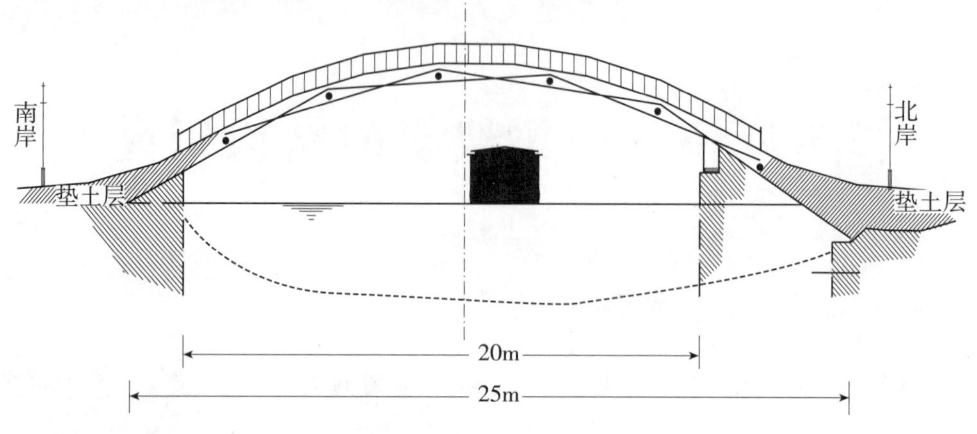

图 2-2　虹桥结构示意[1]

①多根木纵梁通过横木相互搭、架、压、扣，形成一个跨径为单根梁长多倍的大跨拱形桥，构思巧妙、奇特，堪称一绝。根据该图比例估测，木梁长约 8m，桥跨在 24m 以上，桥宽约 8m。

②梁木很少加工，制作简易。全桥外形似拱，实际受力单元只是一根根木梁。纵横木之间由于相互压扣，本身就是稳定的。图上所示用绳索捆绑，应是连结措施，并在施工安置过程便于固定相互位置(后期有用铁马钉固定者)。

③纵梁、横木皆可标准化制作，相互替换使用，施工简易，如将全桥拆除，可以整梁拆下重复使用。

该桥在历史文献中以“虹桥”著称，笔者根据上述全桥系由单根木梁通过横木搭架而成的结构特点，故称之为梁架拱。有的研究者称之为“叠梁拱”或“贯木拱”。“叠梁”在结构上指两梁叠置，用垂直螺栓和剪力键连接成一根整梁者，用于本桥，似欠妥贴。

这种梁架拱开创了一个崭新的桥梁结构型式。它以短的木梁简易地建成较大跨径的折线拱桥，解决了社会当时的急需，对社会是一重大贡献，在技术上更是中国古代劳动人民对世界建桥技术独树一帜的重大贡献。

这种桥梁虽然结构简单明确，而计算却十分复杂。我在20世纪50年代初期看见之后就曾利用业余时间想找出一种简单的方法来对其做结构力学计算，后来通过多次分配法找到了分析梁间垂直力的方法，适逢1964年初次召开全国桥梁学会，作为论文在会上交流。由于会议收到论文很多，限于经费和印刷水平，全部皆只刊出摘要（参见附录）。之后由于工作繁忙，对其研究时断时续，及今数十年，近日才将一些收获整理出来，主要是发掘和弘扬我国古代的优秀桥梁技术，供大家参考。

2.2 梁架拱的结构体系

梁架拱是由纵梁和横木搭架压扣组成。清明上河图上的虹桥，我国早期一些研究者从画面上看是由5根横木组成，但杜连生先生在其“汴河虹桥”一文[1]中提出应是6根横木组成，从画面桥底北桥堍下面厢壁与拱骨交接部位的构造分析，北端拱趾约有2/3的长度被培土垫拱埋置于桥堍之下。笔者同意他的分析，图2-2就取自他的著作。

梁架拱可以建成大小跨径不同的桥孔。跨径大者须多根横木联系多段纵梁组成；跨径小者只须少数横木。一根横木不能构成这种图式，最少2根以上。但最多也不宜超过6~8根，否则两端拱脚部分坡度过陡，通行困难，横木高度也变小，不便处理。这样，设梁长一定，我们可以按横木的多少绘制出有实用价值的所有桥型全部结构体系的图式。构造原则为：

①各纵梁架分为1、2两号，横向紧靠并排，纵向交错布置，形成一个梁架拱单元。各主纵梁长度相同，视横木数目和布置方式各组一

端或两端可能有一根短边梁，设左端第一根梁为长梁者为 1 号，短边梁者为 2 号。

②各横木高度相同，下压于各主梁中点而又上支另二主梁一端，各梁架单元沿横木横向密布以达到要求的桥宽。

③除短边梁外，各主纵梁之间的转角皆相同。

具有单数（3、5、7 根）横木的梁架拱示意如图 2-3 所示：

①由于横木单根，跨中有一根横木处于拱顶最高点，拱身沿中线左右对称。

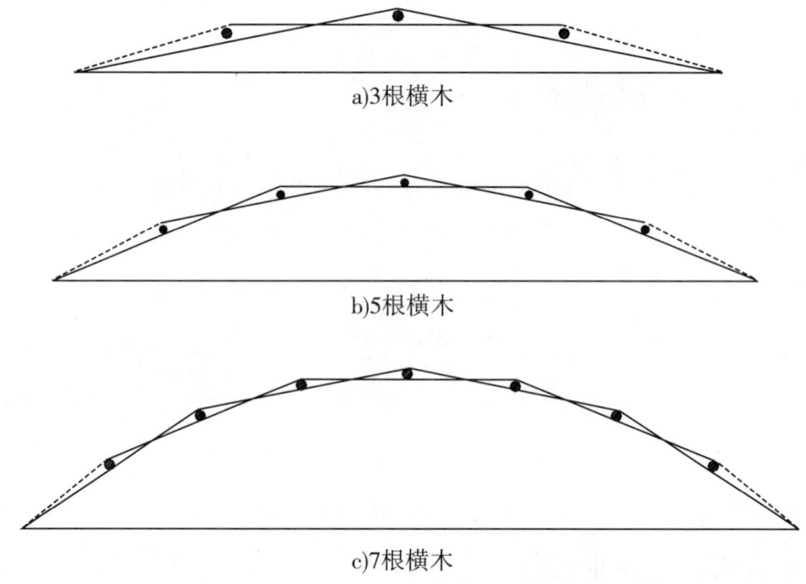

图 2-3　具有单数（3、5、7）根横木的梁架拱

②图中粗细线分别示一个梁架拱单元中之两组纵梁。粗线者（1 号）各纵梁皆等长，细线者（2 号）两端各有一短边梁，其梁数比粗线者多一根。

③设横木数为 n，每根主纵梁上都压了一根横木，故主纵梁数亦为 n，外加两端两根短边梁，纵梁总数 $n_l = n + 2$，其中 1 号全为主纵

梁，梁数 $n_{l1}=(n+1)/2$，2 号主纵梁数比 1 组少一根，但多两根短边梁，梁数 $n_{l2}=n_{l1}-1+2=n_{l1}+1=(n+1)/2+1$。

具有双数（2、4、6、8）横木的梁架拱示意如图 4，有两种构造型式，图 2-4a）为Ⅰ型，特点为：

①由于横木数双根，故拱中线两侧各有一个最高点。

②每梁架拱单元 1、2 两号形状和梁数相同但沿中线反对称，各皆有一根短边梁。

③梁总数 $n_l=n+2$，与单数横木者同，各号梁数为 $n_{l1}=n_{l2}=\frac{n}{2}+1$。

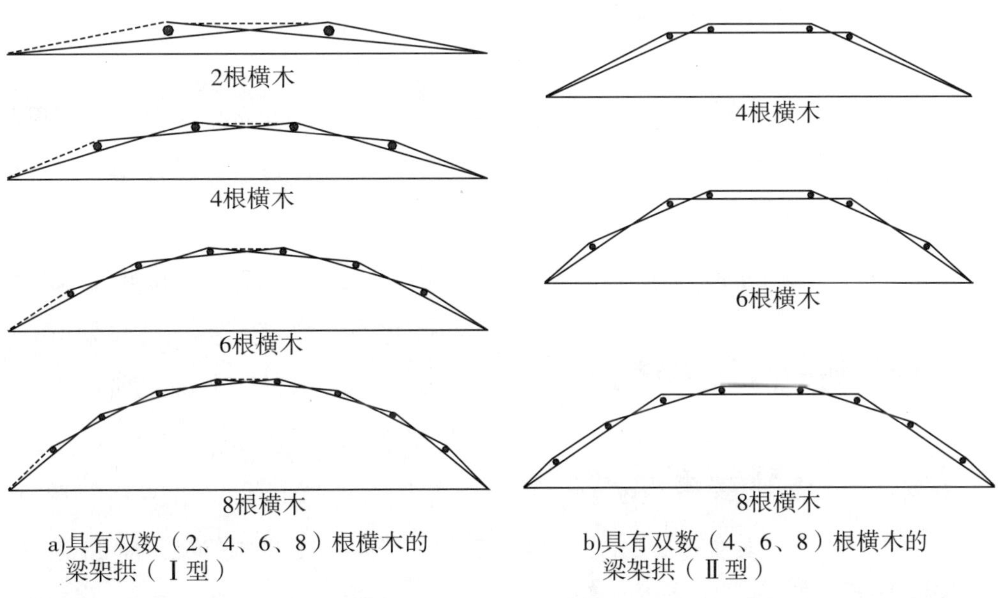

a)具有双数（2、4、6、8）根横木的梁架拱（Ⅰ型）
b)具有双数（4、6、8）根横木的梁架拱（Ⅱ型）

图 2-4

图 2-4b）为Ⅱ型，适用于 4 根横木以上者，特点为：

①4 横木和 6 横木式相当于 3 横木和 5 横木式将拱顶横木分开一个距离 $b=l/2$（l 为主纵梁长），在那里各置一个横木，上面加设一根短

纵梁，这样原来拱顶横木压的那根纵梁长度加长，可利用更长的木料，但上压两根横木，分别在 1/4 梁长附近，其余横木位置亦相应调整，各见图示。（据调查甘肃省渭源县还保存有清代建造的 4 横木式梁架拱桥）。

②这种图式横木布置间距可互不相同，故纵梁长度须按图分别计算。但纵梁数目 1 号皆为 3，2 号纵梁为 $n-1$，总数目为 $n+2$，与上同。

这种型式是早期型式的进一步发展，可长、短木料各尽其用，长梁两个横木各压于 1/4 点附近，较一根横木压于中点受力有利。

2.3 横木上梁架的排列

桥宽 B 由车道宽 B_1 加两侧栏杆及其斜撑所占宽度 b（最少 0.5m）组成，参见图 2-4a）和图 2-4b）。即 $B \geqslant B_1+1\text{m}$，多组梁架单元密排总宽度应满足桥宽要求。

密排时靠边的那一组梁架单元宜将 1 号梁架布置在外侧面，如清明上河图中所示，较为美观。如其余各单元皆按同一方式排列，则一个横木上纵梁的排列将如图 2-5a）所示（设全宽用 8 个单元）。如果相邻单元 1、2 号梁架皆反向排列，则如图 2-5b）所示。如果由于强度或宽度需要增加一个单元梁号也是可以的，如图 2-5c）所示，横木中间增加了一个 1 号梁架。

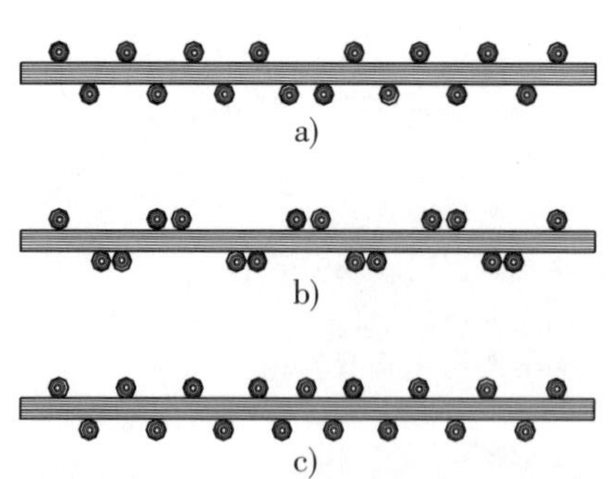

图 2-5 横木上梁架的排列

2.4 梁架拱的结构细节

2.4.1 短边梁

通常梁架拱两端皆各有一短边梁，其布置可能有如图2-6所示三种方法，图2-6b）是正常的做法，短边梁如虚线所示。同一梁架单元的两号主纵梁在同一水平落地，图示两梁着地不在一点而前后相错，是借以表示同一单元的两号梁是不在一个平面而是横向并列的。图2-6a）是将短边梁按水平倾角较小甚至水平方向设置，适应桥头地形并借以改进拱坡处过陡坡度以利通行。

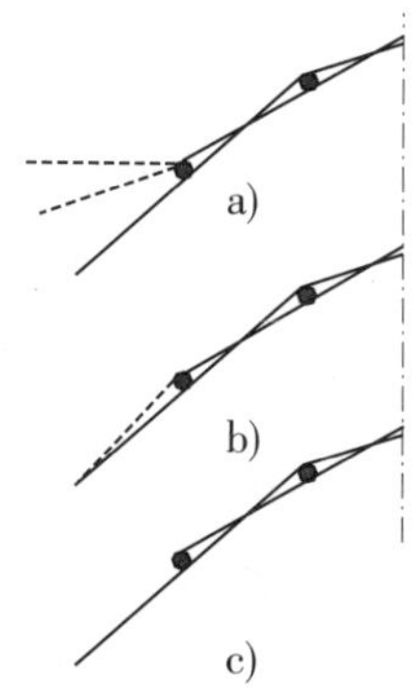

图2-6 短边梁的布置

图2-6c)则是因拱脚段桥头有大量填土伸入地下的情况，因而取消短边梁，如图2-2所示。短边梁能传达部分荷载直接到地基，尤其当梁顶对接，可传递推力的时候。取消后全部活载皆只由一组梁承担和传达至地基，受力将大大不利。大跨陡拱也可和其他拱桥一样在横木上设立柱排架，作成水平桥面。

2.4.2 横木

清明上河图上未示横木与主梁连接的细节，推测是将圆的横木和主梁在搭接处各皆适当削平，相互搭压的，如图2-7a）所示。后期的发展则改进成枋木卯榫式，如图2-7b)，这是在现存的江浙地区这类桥梁中发现的。榫头作成楔形，从横木上面嵌入卯眼中。其优点是安装时容易固定梁与横木相互位置，可以抗拉，而且可降低结构的建筑高度。图中所示为横木与主梁卯榫相连的实际尺寸。由于主纵梁多为倾斜，卯榫制作应力求精湛。

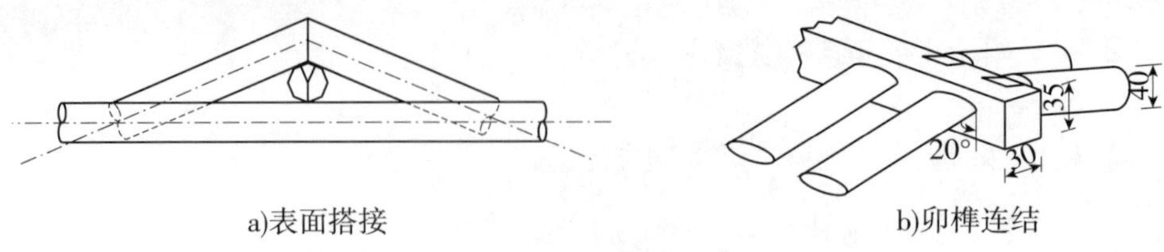

a)表面搭接　　　　b)卯榫连结

图 2-7　横木与纵梁的连接

2.4.3　斜撑体系

由于各组梁架横向并列，因此应加设横向斜撑体系以加强其横向整体刚度。从一些现存的古桥的拱体底面可看见这种斜撑，但如加设在拱体背面则隐藏不见，可使整个拱桥外观更为整洁。斜撑杆件应适应拱背凹凸形状作成中厚端薄形，可以替代梳形木，在其上铺设横向桥面板（图 2-8）。

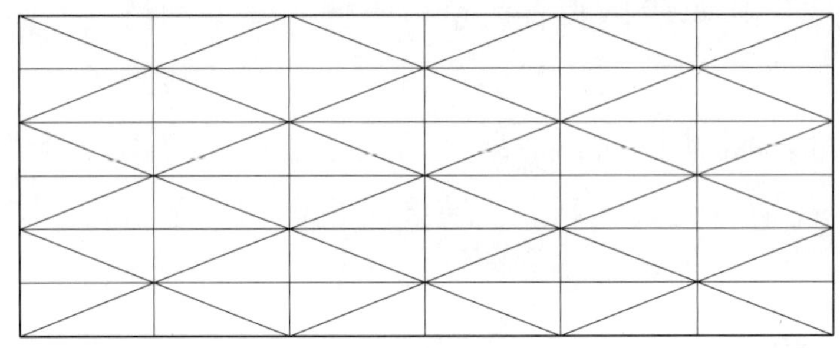

图 2-8　斜撑体系

2.4.4　桥面系

①梳形木：各梁架组形成的桥拱顶面是凹凸不平的，应在纵梁上设置梳形木使拱顶形成平顺的弧形以便在其上铺设横向桥面板。

②桥面板：一般用厚 5cm 左右木板横向密布，其长度应宽出桥面每侧 50cm 左右以便设置栏杆斜撑，参见图 2-9。如桥面甚宽，木板不够长时，可用短木板拼接，但相邻各板接缝应错开 1cm 以上。

③栏杆：清明上河图上即绘有栏杆图，十分细致，今天仍可采用

(图2-9)。栏柱下压纵向边枋，高20~25cm，以固定桥面板和作为桥面铺装的缘木。边枋外设三角垫块帮助固定位置，栏柱设斜撑支于桥面板上。

④桥面铺装：一般设厚10~15cm石灰三合土铺装以利防水，顶面可适当加设磨耗层。

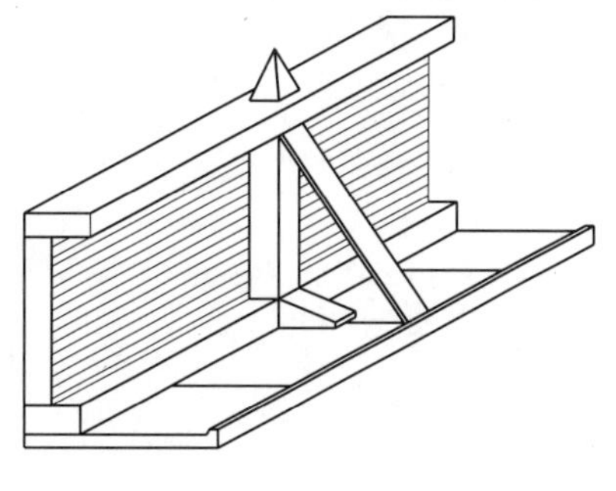

图2-9 栏杆

2.4.5 其他

①木材防腐：应采用冷热槽精重油浸泡和涂刷油漆等措施。

②防水：防水即有利于防腐。桥面铺装之下可铺一层土工布防水，桥面应注意排水顺畅。桥面板两侧端面设防水挡板并形成拱。

③美化：根据当地人文、地理、历史和经济条件适当采用，不赘述。

3 梁架拱几何计算

3.1 概述

如果按第 2 章所述构造原则，横木高度相等，皆压于主纵梁中点，相邻主纵梁相互间转角相等建造的梁架拱，其各主纵梁两端必然皆在一同心圆弧上，这由图 2-3 和图 2-4a）可以清楚的看出。图 3-1 所示一按上述构造原则建造的三横木式梁架拱。

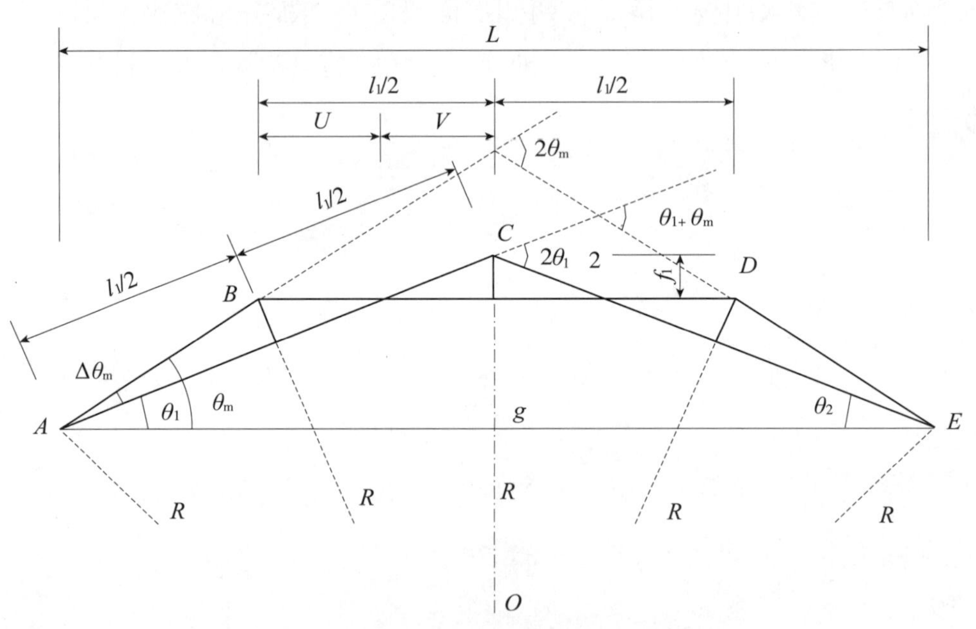

图 3-1 三横木式梁架拱

令梁架左端长主纵梁为 1 号梁架，有 AC、CE 两根主纵梁，编号为①、②。左端短主梁为2号梁架，有 AB、BD、DE 三根梁，编号为③、④、⑤，其中③、⑤为短边梁，④为主纵梁。AE 连线为梁架拱理论跨度，长为 L。1号、2号梁与 AE 夹角为 θ_1、θ_2（本例互等）。如将各主纵梁相邻端点 A、B、C、D、E 连线，则各线段（短边段）皆为等长。如将 ABC 向右旋转一个角度 $\frac{\phi}{2}$（ϕ 为圆心夹角），即将转到 CDE 的位置。如图3-1，令 o 为旋转圆心，ogC 为对称中轴，Cg 为拱矢高，高度 f，ϕ 为圆心夹角，半径为 R，由圆弧拱通用公式有：

$$L = 2R\sin\frac{\phi}{2}, \quad f = R\left(1 - \cos\frac{\phi}{2}\right) \quad \theta_1 = \frac{\phi}{4} \tag{3-1}$$

图3-1为三横木式，共有 $3+1=4$ 根短梁段，每根所对圆心角为 $\frac{\phi}{4}$，或 $\frac{4}{2}=2$ 根主纵梁，每根所对圆心角为 $\frac{\phi}{2}$。当横木数 n 为偶数时，短边梁为奇数，不能被2整除，此时整个拱圈当由 $\frac{n}{2}$ 根主纵梁和一根短梁段（即短边梁）组成。当 n 值变化时可以组成多种多样的梁架拱，为求简化和统一，下面将推导各个 n 值皆可适用的通用公式。

3.2 有关倾角的基本计算公式

梁架拱各主纵梁、边短梁（短梁段）都是倾斜的，计算各梁之间的夹角及梁端节点位置（坐标）十分繁复，经反复比较研究，以转动法较为简便。图3-2中 $OABC$ 为自横木数为 n 的梁架拱中取出一根主纵梁 AC 所连带的短边段 AB、BC 等有关构造。每个短梁段所对应的圆心角为 $\frac{\phi}{n+1}$，称为单位圆心角，用 α 表示，即：

$$\alpha = \frac{\phi}{n+1} \tag{3-2}$$

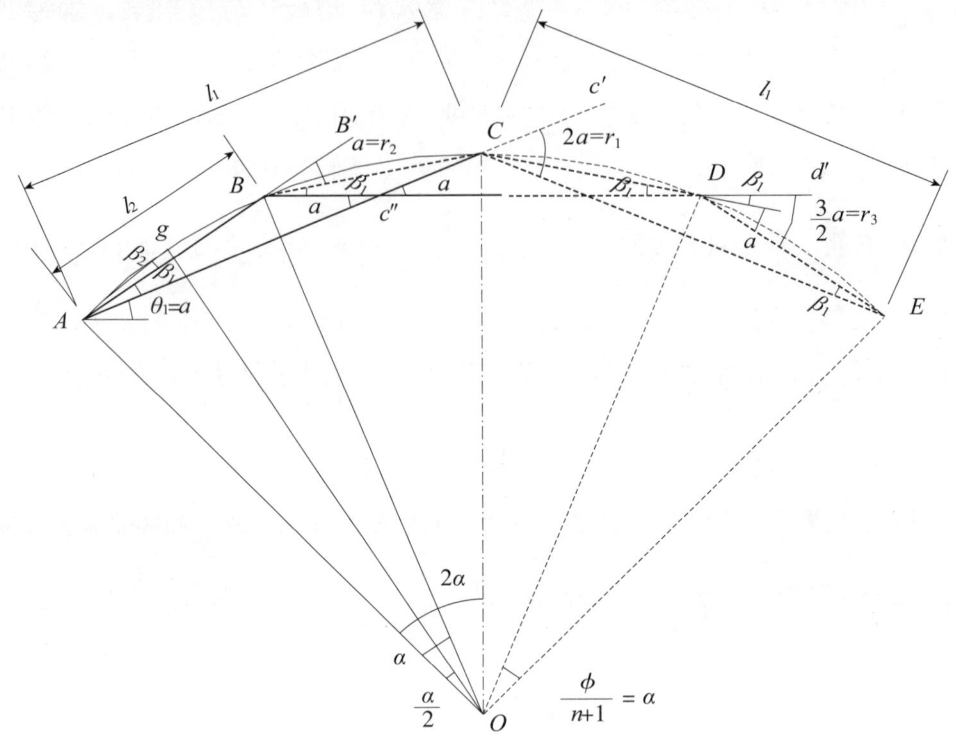

图 3-2　梁架拱的倾角计算公式

下面可以看到，这个 α 在各梁倾角计算中十分重要。

当短梁段及其对应的圆心三角形 AOB 向右旋转一个角度 α 到 BOC 位置时，AB 即旋转到 BC，旋转角度 $\angle B'BC$ 即 AB 与 BC 之间的外夹角 γ_2 亦应等于 α，即：

相邻短梁段之间的外夹角

$$\gamma_2 = \angle B'BC = \alpha; \tag{3-3}$$

由此，相邻主纵梁之间的外夹角

$$\gamma_1 = \angle C'CE = 2\alpha \tag{3-4}$$

①C 点两根主纵梁和下面的主纵梁 BD 之间的交角为外夹角 2α 的 1/2，即主纵梁之间夹角

$$\angle CC'D = \alpha \tag{3-5}$$

主纵梁 BD 和顶点 C 形成的弦三角形△BCD 两腰角为 β_1，由图：

$$\beta_1 = \frac{\alpha}{2} \tag{3-6}$$

主纵梁与短梁段之间的转角即其外夹角为 γ_3，如图：

$$\angle D'DE = \gamma_3 = \beta_1 + \alpha = \frac{3}{2}\alpha \tag{3-7}$$

②式（3-3）、式（3-4）、式（3-6）表明：在三种不同情况下梁架拱各相邻梁之间的转角（弦三角形顶点外夹角）皆等于弦所对圆心角之半，前两种情况下即各等于梁段所对圆心角，此规律甚为重要，使以后计算各梁倾角时十分便利。

③由式（3-6）式，因主纵梁所对圆心角为 2α，故有：

$$\beta_1 = \frac{\alpha}{2} = \frac{1}{4}\ (2\alpha) \tag{3-8}$$

即：弦三角形的两腰角各等于弦所对圆心角的1/4。

令 l_1，f_1 为主纵梁长度和主纵梁弦三角形顶点高，或称为主纵梁小矢高，由图有：

$$f_1 = \frac{l_1}{2}\tan\beta_1 = \frac{l_1}{2}\tan\frac{\alpha}{2} \tag{3-9}$$

同理，令 l_2，f_2，β_2 为短梁段长度、小矢高和弦三角形腰角，有：

$$\beta_2 = \frac{1}{4}\alpha\ \text{（参见式 3-8）} \tag{3-10}$$

$$f_2 = \frac{l_2}{2}\tan\beta_2 = \frac{l_2}{2}\tan\frac{\alpha}{4} \tag{3-11}$$

另：

$$l_2 = \frac{l_1}{2\cos\beta_1} = \frac{l_1}{2\cos\frac{\alpha}{2}} = \frac{l_1}{2}\sec\alpha \tag{3-12}$$

令左端短边梁 AB 向右旋转 $n\alpha$ 即到右端短边梁的位置，总旋转角应等于 $2\theta_m$，θ_m 为短边梁与拱跨线之间的夹角，参见图 3-1，即：

$$2\theta_m = n\alpha,\ \theta_m = \frac{n}{2}\alpha \qquad (3\text{-}13)$$

左端第一根主纵梁与拱跨线之间的夹角 θ_1 则有两种情况。

第一，当 n 为奇数时，单位圆心角数 $n+1$ 为偶数，可由左端主纵梁旋转，每次转角 2α，转动 $\frac{n+1-2}{2}=\frac{n-1}{2}$ 次，共转角（$n-1$）α，应等于两端主纵梁的外夹角 $2\theta_1$，即：

$$2\theta_1 = (n-1)\alpha,\ \theta_1 = \frac{n-1}{2}\alpha \qquad (3\text{-}14)$$

第二，当 n 为偶数时，单位圆心角数 $n+1$ 为奇数，$n+1-2=n-1$ 为奇数，左端主纵梁只能向右旋转 $n-2$ 个单位圆心角，余下须转 γ_3 到右端短边梁位置，此时转角 $n-2\alpha+\gamma_3$ 应等于 $\theta_1+\theta_{\mathrm{m}}$，即：

$$\theta_1 + \theta_m = (n-2)\alpha + \gamma_3$$

$$\theta_1 = (n-2)\alpha + \frac{3}{2}\alpha - \frac{n}{2}\alpha = \frac{n-1}{2}\alpha \qquad (3\text{-}15)$$

与式（3-14）相同，可见无论 n 为奇、偶数，θ_1 的计算公式皆同。

左端短边梁与主纵梁之间夹角 $\Delta\theta_{\mathrm{m}}$ 为：

$$\Delta\theta_m = \theta_m - \theta_1 = \frac{n}{2}\alpha - \frac{n-1}{2}\alpha = \frac{\alpha}{2} = \beta_1 \quad \text{无误} \qquad (3\text{-}16)$$

3.3 横木与主梁的连接计算

横木高度与主纵梁长度为梁架拱结构的关键尺寸，它决定两梁之间的夹角，影响全桥的矢高和跨度。横木与其周围的三根纵梁分别在三点接触，如相互间为搭压连接，则接触点在表面；如横木为圆木，则三个接触面应适当削平；如为枋木，则左右两个接触面应作成图

3-3a)示斜面。

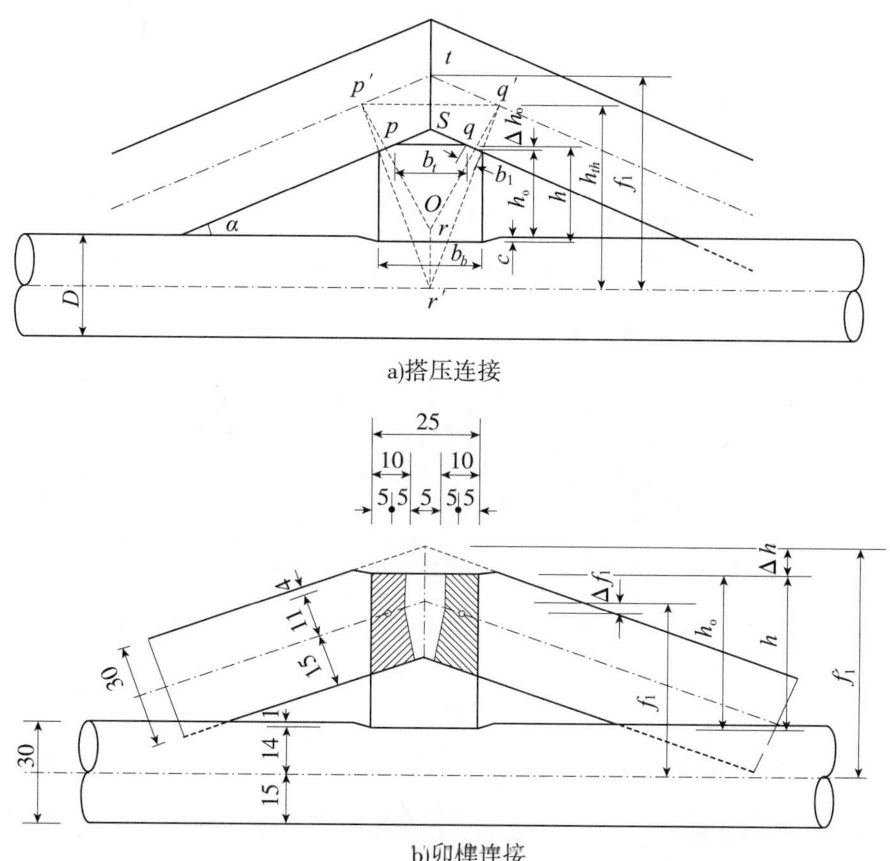

a)搭压连接

b)卯榫连接

图 3-3 主梁与横木连接（尺寸单位：cm）

搭压连接，枋木横木与主梁表面在 p、q、r 三点连接，主梁直径为 D，而 p、q 处枋木削成与主梁倾角 α 相适应的斜面。p、q、r 形成一个力三角形，通过 p、q、r 三点向梁边作垂线交汇于 O 点，实际计算时主梁皆以其中轴线代表，将各垂线外延交各中轴线于 p'、q'、r'，p'、q'、r'为理论力三角形。设横木下压于 r 梁处嵌入表面一定深度 c，一般取 1 ~ 2cm，令：

图中：h——横木实际高度；

Δh_0——由于 p、q 处斜面横木中部增高的高度：

$$\Delta h_0 = \frac{b_1}{2}\sin\alpha \tag{3-17}$$

b_1——横木斜面宽度，一般取 3 ~ 10cm，应根据横木适宜宽度选定，不宜过大以免使横木过宽；

h_0——横木斜面接触高度，取斜面中点：

$$h_0 = h - \Delta h_0 - c \tag{3-18}$$

h_{th}——横木理论高度：

$$h_{th} = h_0 + \frac{D}{2}(\cos\alpha + 1) \tag{3-19}$$

f_1——主纵梁搭架小矢高，$f_1 = \frac{l_1}{2}\tan\frac{\alpha}{2} = \frac{l_1}{2}\frac{\sin\alpha}{\cos\alpha + 1}$❶，参见式（3-9）；

b_t——横木顶宽：

$$b_t = \left[f_1 - \frac{D}{2}\left(1 + \frac{1}{\cos\alpha}\right) - h + c\right]\frac{2}{\tan\alpha} \tag{3-20}$$

b_b——横木底宽：

$$b_b = b_t + 2b_1\cos\alpha \tag{3-21}$$

所有横木尺寸完全受到三根交叉主梁之间所留下的空间的约束，由图 3-1 可见，交叉点将主纵梁分为四段长为 u、v、v、u，其中：

$$u = f_1\csc\alpha, \quad v = f_1\cot\alpha, \quad u + v = \frac{l_1}{2} \tag{3-22}$$

由上可见：$u \neq v$，即交叉点不在梁长的 1/4 点，由上式：

$$\frac{l_1}{2} = u + v = f_1(\cot\alpha + \csc\alpha) = f_1\frac{\cos\alpha + 1}{\sin\alpha} = f_1\frac{1}{\tan\alpha} \tag{3-23}$$

---

❶ $\tan\frac{\alpha}{2} = \frac{\sin\alpha}{1 + \cos\alpha} = \frac{1 - \cos\alpha}{\sin\alpha}$。

无误（参见式3-9），并可得：

$$u=\frac{l_1}{2}\frac{1}{\cos\alpha+1},\quad v=\frac{l_1}{2}\frac{\cos\alpha}{\cos\alpha+1}=u\cos\alpha \tag{3-24}$$

f_1是交叉主梁中线之间的矢高，空隙的净高f_{net}还须减去主梁梁身所占去的高度，由图3-3a）得：

$$f_{net}=\frac{\sin\alpha}{\cos\alpha+1}\cdot\frac{l_1}{2}-\left(\frac{1}{\cos\alpha}+1\right)\frac{D}{2}=\tan\frac{\alpha}{2}\cdot\frac{l_1}{2}-\frac{\tan\alpha}{\tan\left(\frac{\alpha}{2}\right)}\cdot\frac{D}{2} \tag{3-25}$$

由式可见：净高f_{net}由主梁长l_1、直径D和交角α所决定，横木高度h必须小于净高f_{net}才能放置得进去。h、l_1、α、f_{net}、D五个参数之间互相关联，不能随意决定。横木还必须满足结构强度，对于木梁其高度一般不宜低于0.25m。

即：

$$h>0.25\text{m}$$

而：

$$f_{net}=h+h_R-c \tag{3-26}$$

式中：h_R——余高，不宜太大，以免使横木顶宽过大，一般可取$h_R=c$，即$f_{net}\approx h$。

式（3-25）有四个参变数，如果全部除以$\frac{D}{2}$可得：

$$\frac{l_1}{D}=\frac{\left(\frac{2f_{net}}{D}+\frac{\tan\alpha}{\tan\frac{\alpha}{2}}\right)}{\tan\frac{\alpha}{2}} \tag{3-27}$$

如将$\frac{l_1}{D}$和$\frac{f_{net}}{D}$各作为一个参变数，就成了三个参变数，就可绘出一组$\frac{l_1}{D}\sim\frac{f_{net}}{D}$诺模图来，如图 3-4 所示。该图可帮助估定 l_1、D、α 的合宜尺寸。

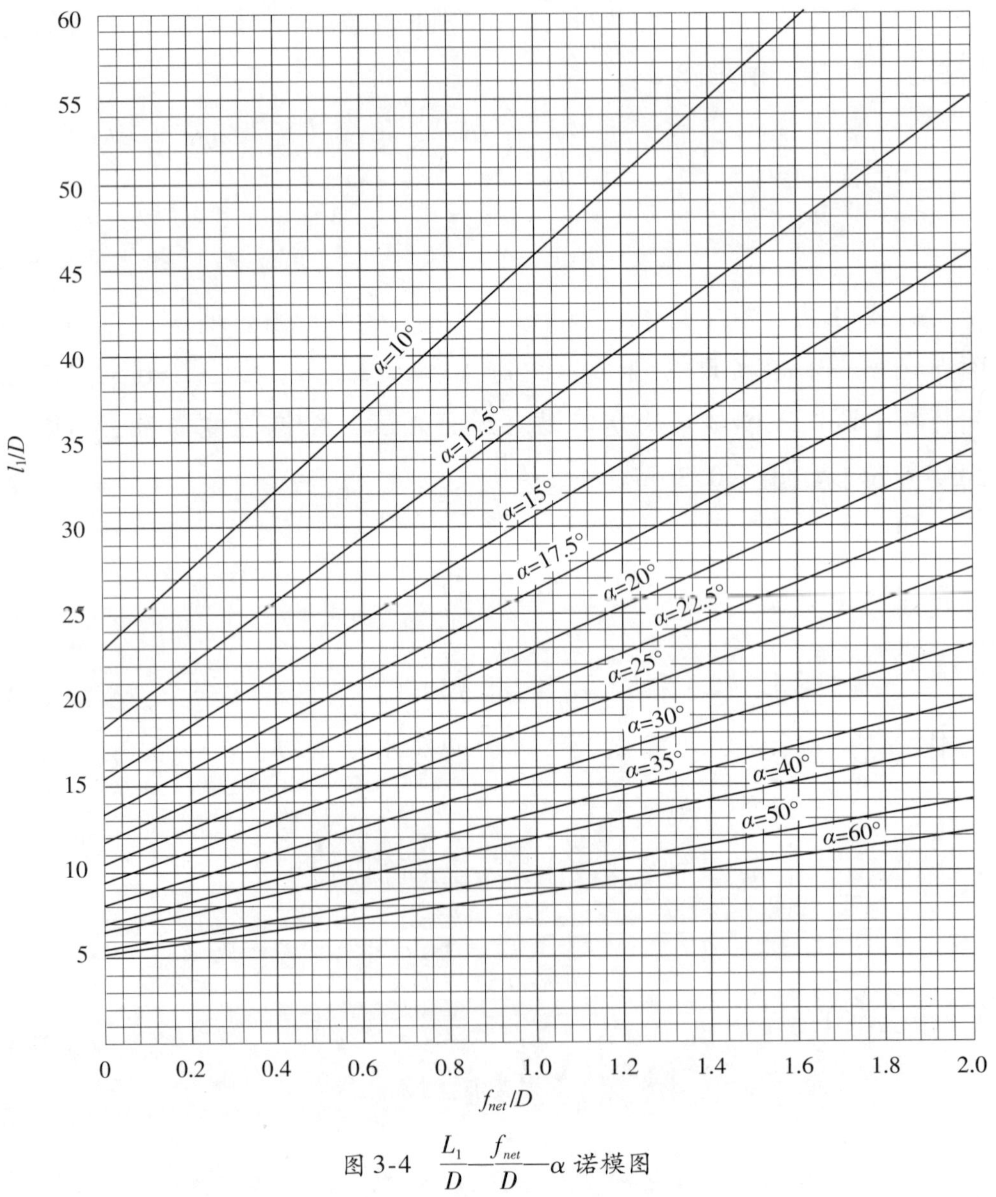

图 3-4 $\frac{L_1}{D}$—$\frac{f_{net}}{D}$—α 诺模图

由于 ϕ 最大不能超过 180°，而 n 最小为 2，故图中只绘制到：$\alpha = \frac{\phi}{n+1} = \frac{180}{2+1} = 60°$。

由于实际工程中 f_{net} 不宜过大，且 α 数值对计算最为敏感，故 $\frac{f_{net}}{D}$ 只绘到 2，使 α 有较大的空间以利内插。

图 3-3b）示一卯榫连接实例，主梁直径 30cm，枋横木高 30cm，宽 25cm，梁端榫头高 25cm，伸入横木 10cm，着力点取于榫头伸入横木中点，即距横木侧面 5cm 处。由于横木两侧的两根纵梁是倾斜的，尤其两边的横木上两梁倾斜度不一样，因此计算卯眼和榫头的几何尺寸十分复杂，施工制作更为困难，如有差误，连接不紧密，将严重影响结构受力和变形。如要求连接点能受拉，现代施工完全可以使用铁件，不推荐使用卯榫形式。

4 梁架拱合理型式的选定

所谓合理型式，就是在要求的跨径 L 和可能供应的木梁长度 l_1 和直径 D 确定之后，采用何种横木数 n 以使能达到充分利用木料长度，既不锯短也不超长（须供应更长木料），同时又可满足净空 f_{net} 的要求，使能布置得下需要的横木高度 h。由于牵涉多个参数，往往需要多次试算，才能得到满意的结果，十分繁琐。为了简化计算，这里特别制备一个 L/l_1—n—α 诺模图（图 4-1），结合前面的图3-4诺模图，能够很方便地得出需要的 n 值。

由图 3-1 可知：

$$l_1 = 2R\sin\alpha$$

由式（3-1）、式（3-2）：$L = 2R\sin\dfrac{\phi}{2} = 2R\sin\dfrac{n+1}{2}\dfrac{\phi}{n+1} = 2R\sin\dfrac{n+1}{2}\alpha$

两式相除：

$$\frac{L}{l_1} = \frac{\sin\left(\dfrac{n+1}{2}\alpha\right)}{\sin\alpha} \tag{4-1}$$

由此式即可绘出$\dfrac{L}{l_1}$—n—α 诺模图，如图 4-1 所示。由于 $n=8$ 时的 α 达最小值$\dfrac{180°}{8+1}=20°$，故其曲线在 20°时将出现拐点，拐点以后曲线不能利用。同理，$n=7$ 的拐点在$\dfrac{180°}{7+1}=22.5°$，$n=6$ 的拐点在$\dfrac{180°}{6+1}=$

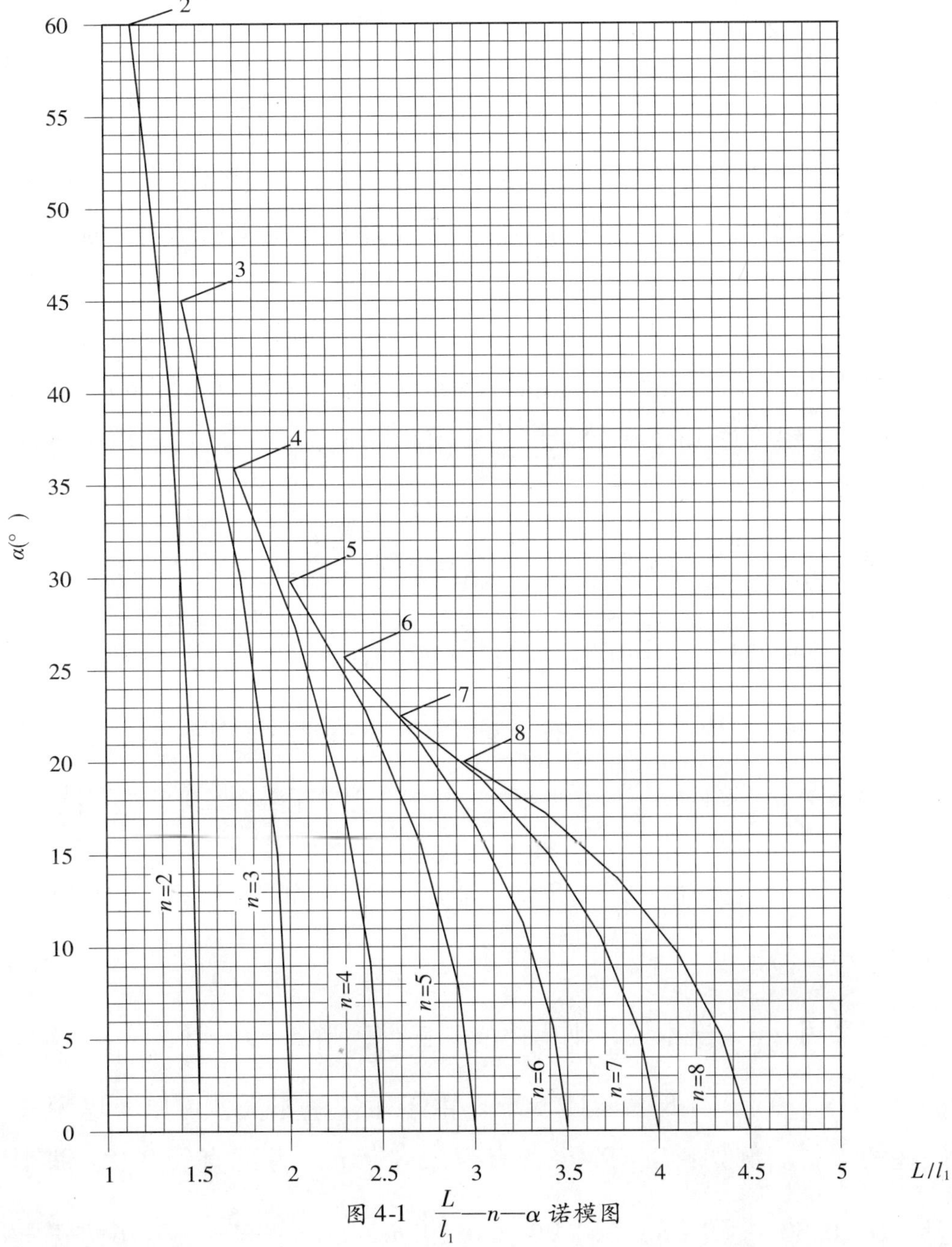

图 4-1 $\frac{L}{l_1}$—n—α 诺模图

25.7°，$n=5$ 的拐点在$\frac{180°}{5+1}=30°$，$n=4$ 的拐点在$\frac{180°}{4+1}=36°$，$n=3$ 的拐点在$\frac{180°}{3+1}=45°$，$n=2$ 的拐点在$\frac{180°}{2+1}=60°$。

为了阐明其使用方法，下面试举数例，注意诺模图因比例尺关系，查出结果只能准确到小数点后 1 位，设计计算需高度精确时，应按公式计算。

算例 1：东北地区供应标准松圆木长 8m（有效长 7.95m），直径 0.30m，拟建跨径 15.5m 梁架拱，要求横木高 0.25m，须采用何种结构型式？

解：$\frac{l_1}{D}=\frac{7.95}{0.30}=26.5$，$\frac{f_{net}}{D}=\frac{0.25}{0.30}=0.833$，

由图 3-4 查得：$\alpha=16°$，由图 4-1 查得，$\frac{L}{l_1}=\frac{15.5}{7.95}=1.9496$，由此 2 项查得：$n=3.10$，略大于 3，须采用 $n=4$，即四横木式。

当采用 $n=4$ 时，$\frac{L}{l_1}=1.9496$，由图 4-1 查得 $\alpha=29°$。再由$\frac{l_1}{D}=26.5$，在图3-4上查得：$\frac{f_{net}}{D}>2.0$，得 $f_{net}>2.0\times0.3=0.60>>0.30$m，过大，应更改木梁长度。

如采用 $n=3$ 横木式，则由图 4-1 查得，当 $\alpha=16°$时，$\frac{L}{l_1}=1.87$，$L=1.87\times7.95=14.87\text{m}<15.50\text{m}$。由于短缺量不大，可以考虑稍长一些的木料。例如：$l_1=9.0$m，有效长 8.95m，考虑直径 0.9% 缩小量，$D=0.30-(9-8)\times0.9\%=0.291$m，$\frac{l_1}{D}=\frac{8.95}{0.291}=30.76$，$\frac{f_{net}}{D}=$

$\frac{0.25}{0.291}=0.859$，查图 3-4 得：$\alpha=14°$，查图 4-1 得：$n=3$ 时，$\frac{L}{l_1}=1.90$，所以，$L=1.90\times8.95=17.01\text{m}>15.50\text{m}$。

最后，与 $l_1=7.95\text{m}$ 的结果 14.87m 内插可得 $l_1=8.15\text{m}$，故可要求供应 8.20m 长的木料。

这个例题已阐明诺模图在各种不同情况下的使用方法。

算例 2：如用圆木长 8m，直径 30cm，要求横木高大于 0.25m（较小跨径）~0.30m（较大跨径），可修建多大跨径的梁架拱？

解：$\frac{l_1}{D}=\frac{7.95}{0.30}=26.5$，$\frac{f_{net}}{D}=\frac{0.25}{0.30}=0.833$ 和 $\frac{f_{net}}{D}=\frac{0.30}{0.30}=1.0$，由图 3-4 可分别查得：$\alpha=16°$ 和 $\alpha=17°$，由图 4-1 过 $\alpha=16°$ 和 $\alpha=17°$ 作横线分别与各 n 值线交点，得：$\frac{L}{l_1}$ 值，由此得 L 值，如表 4-1 所示。

木料 $l_1=7.95\text{m}$，$D=0.30\text{m}$ 所能作到的梁架拱跨度 L（m） 表 4-1

l_1/D	h、f_{net}/D	α	跨径 L	$n=2$	$n=3$	$n=4$	$n=5$	$n=6$	$n=7$	$n=8$
26.5	$h=0.25\text{m}$ $f_{net}/D=0.833$	16°	L/l_1	1.47	1.92	2.35	2.62	3.08	3.35	3.65
			L	11.69	15.26	16.68	20.83	24.49	26.63	29.01
	$h=0.30\text{m}$ $f_{net}/D=1.0$	17°	L/l_1	1.46	1.91	2.30	2.65	2.92	3.20	3.60
			L	11.61	15.18	18.28	21.07	23.41	25.44	28.62

算例 3：图 2-2 所示清明上河图上虹桥，跨径 24m，为 $n=6$ 梁架拱，用东北松木长 8m，直径 0.30m，可否？如否，须用多长的圆木？

解：由上表，当横木高 0.30m 时，$n=6$ 能建成 $L=22.90\text{m}$ 梁架拱，故 8m 长木料不够用。

如用 9m 的木料 $l_1=8.95\text{m}$，按诺模图查算可建成 $L=26.85\text{m}$ 的

桥，与8m圆木成果内插，须 $l_1 = 8.20$m，采用8.25m圆木。

验算：

有效长度 $l_1 = 8.25 - 0.05 = 8.20$m，$D = 0.30$m，$\frac{l_1}{D} = \frac{8.20}{0.30} = 27.333$，$\frac{f_{net}}{D} = \frac{0.30}{0.30} = 1$，查图3-4得：$\alpha = 16°$，由图4-1，$n = 6$ 查得：$\frac{L}{l_1} = 3.0$，所以，$L = 3.0 \times 8.20 = 24.6 \approx 24$m，合格。

5 梁架拱弧节点坐标

设计计算或施工下料长度、高度等尺寸常需精确到小数点后2~3位，前节诸模图查出的α值精确度不够。α是计算各种结构尺寸的基础，还应按已定的n、L、l_1值由前章式（4-1）计算出更为精确的α值，以计算各部尺寸和节点坐标。

以梁架拱跨径中点为坐标原点，跨径线为横坐标x，拱矢线为纵坐标y，可以利用式（3-3）所示各转角（倾角）关系计算各节点坐标。因拱弧对称，只计算半拱即可。各倾角正负符号规定如图5-1a)，以逆时针转动为正。

梁架拱构造因横木数n为奇数或偶数而有不同，奇数者拱弧节点为奇数，拱顶有一最高节点；偶数者拱弧节点为偶数，拱顶无最高节点，而是一水平短梁段。两种情况应分别计算。

图5-1b）示一三横木式$n=3$梁架拱示例，有A、B、C、D、E共5个节点，C节点居正中的y轴上为拱顶，拱体两边对称，由图：

$$x_C=0,\ y_C=f \tag{5-1}$$

C点水平线顺时针转一角度$-\beta_1=-\dfrac{\alpha}{2}$到$CD$位置：

故，D点坐标：

$$x_D=l_2\cos\left(-\frac{\alpha}{2}\right)=l_2\cos\frac{\alpha}{2}\ (=-x_B) \tag{5-2}$$

$$y_D=f+l_2\sin\left(-\frac{\alpha}{2}\right)=f-l_2\sin\frac{\alpha}{2}\ (=-y_B) \tag{5-3}$$

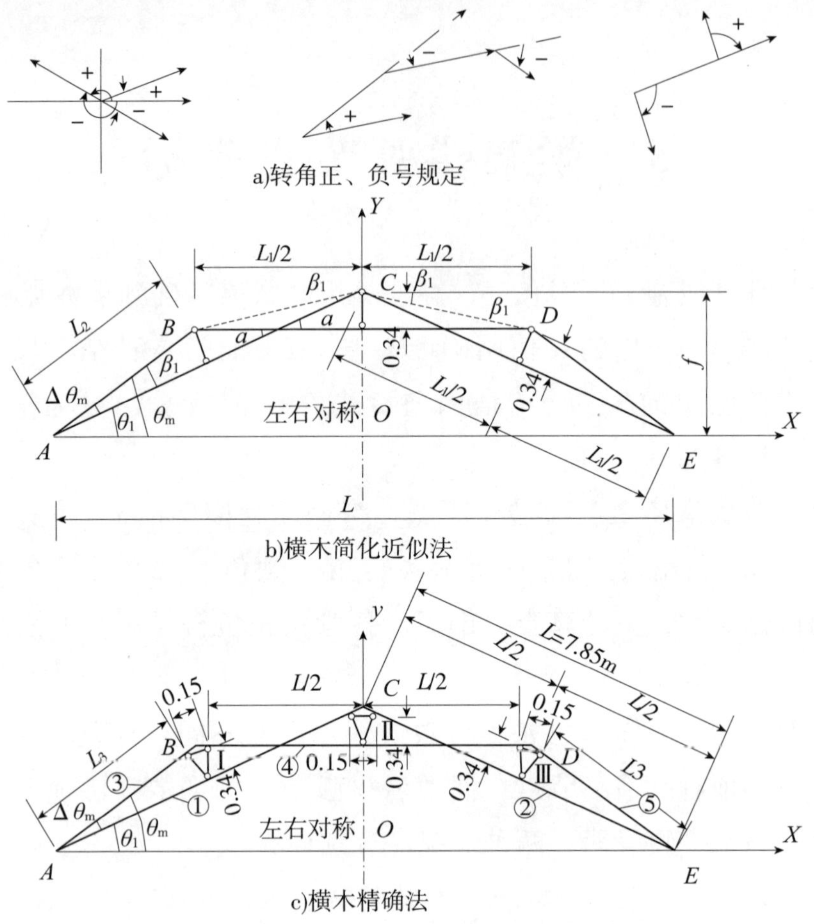

图 5-1　奇数横木式 $n=3$ 梁架拱

短梁段再顺时针转一角度 $-\alpha$，即到相邻短梁段 DE，DE 与水平线角度为 $-\frac{3}{2}\alpha$，故 E 点坐标：

$$x_E = x_D + l_2\cos\left(-\frac{3}{2}\alpha\right) = x_D + l_2\cos\frac{3}{2}\alpha \qquad (= -x_A) \tag{5-4}$$

$$y_E = y_D + l_2\sin\left(-\frac{3}{2}\alpha\right) = y_D - l_2\sin\frac{3}{2}\alpha \qquad (= -y_A) \tag{5-5}$$

以下类推。

由于 $n=3$，两边只有$\frac{n+1}{2}=2$ 个节点，故 E（A）点已到拱足点，故：

$$x_E=-x_A=\frac{1}{2}L=l_2\left(\cos\frac{\alpha}{2}+\cos\frac{3}{2}\alpha\right) \tag{5-6}$$

$$y_E=y_A=0=f-l_2\left(\sin\frac{\alpha}{2}+\sin\frac{3}{2}\alpha\right) \tag{5-7}$$

由上可以推出 n 为任意奇数的节点坐标计算公式，令拱顶节点号为 0，左右节点号依次为 $\pm i$，有：

$$x_C=0,\ y_C=f \tag{5-8}$$

$$x_{\pm i}=\pm l_2\sum_{i=1}^{(n+1)/2}\cos\frac{2i-1}{2}\alpha \tag{5-9}$$

$$y_{\pm i}=f-l_2\sum_{i=1}^{(n+2)/2}\sin\frac{2i-1}{2}\alpha \tag{5-10}$$

$i=1\sim\frac{n+1}{2}$，当 $i=\frac{(n+1)}{2}$时：

$$x_{\pm i}=\frac{L}{2},\ y_{\pm i}=0$$

图 5-2 是 6 横木式梁架拱，为图 2-2 所示清明上河图上虹桥的结构图，横木数为偶数，有 7 个短梁段、8 个节点 A、B、C、D、E、F、G、H。D、E 两节点居对称轴 y 左右两侧等高，而 y 轴拱矢 f 处最高但无节点。令该点为 Q，坐标为：

$$x_Q=0,\ y_Q=f$$

短梁段 $DE/\!/OX$ 轴，E（D）节点坐标为：

$$x_E=\frac{l_2}{2}\ (=-x_D),\ y_E=f-f_2=f-\frac{l_2}{2}\tan\beta_2=f-\frac{l_2}{2}\tan\frac{\alpha}{4}\ (=y_D) \tag{5-11}$$

式中：f_2——D、E 点高度。

以下与前面相似，DE 顺时针方向转动一角度 α 到 EF，节点 F（C）坐标为：

$$x_F = x_E + l_2\cos(-\alpha) = l_2\left(\frac{1}{2} + \cos\alpha\right),\ (= -x_c) \tag{5-12}$$

$$y_F = y_E + l_2\sin(-\alpha) = f - l_2\left(\frac{1}{2}\tan\frac{\alpha}{4} + \sin\alpha\right),\ (= y_c) \tag{5-13}$$

以下类推。

由于 $n=6$，每边各有$\frac{n}{2}+1=4$ 个节点，故到第 4 个节点即H（A）点已到拱足点，故：

$$x_H = l_2\left(\frac{1}{2} + 3\cos\alpha\right) = \frac{L}{2} \quad (= -x_A) \tag{5-14}$$

$$y_H = f - l_2\left(\frac{1}{2}\tan\frac{\alpha}{4} + 3\sin\alpha\right) = 0 \quad (= y_A) \tag{5-15}$$

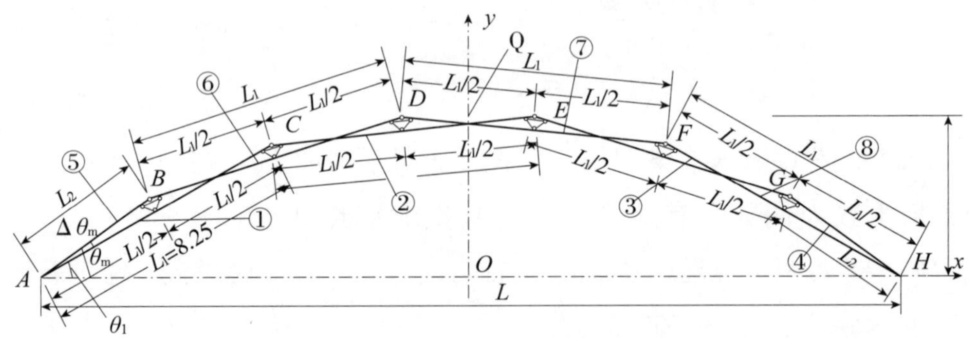

图 5-2 偶数横木式 $n=6$ 梁架拱（虹桥）

由上可以推出 n 为任意偶数的节点坐标计算公式。同前，令拱顶（无节点）为 0 号，左、右侧节点号依次为 ±1、±2……有：

$$x_O = 0,\ y_O = f \tag{5-16}$$

$$x_{\pm 1} = \pm \frac{l_2}{2}, \ y_{\pm 1} = f - \frac{l_2}{2}\tan\frac{\alpha}{4} \tag{5-17}$$

$$x_{\pm i} = \pm l_2\left[\frac{1}{2} + \sum_{i=2}^{(n+2)/2} (i-1) \cos\alpha\right] \tag{5-18}$$

$$y_{\pm i} = f - l_2\left[\frac{1}{2}\tan\frac{\alpha}{4} + \sum_{i=2}^{(n+2)/2} (i-1) \sin\alpha)\right] \tag{5-19}$$

$i = 1 \sim \dfrac{n+2}{2}$,

当 $i = \dfrac{n+2}{2}$时,

$$x_{\pm i} = \pm \frac{L}{2}, \ y_{\pm i} = 0 \tag{5-20}$$

算例4：计算图5-1b）所示3横木式梁架拱各节点坐标，主纵梁长 $l_1 = 7.95$m，$D = 0.30$m，$h = 0.25$m。

解：$\dfrac{l_1}{D} = \dfrac{7.95}{0.30} = 26.5$，$\dfrac{f_{net}}{D} = \dfrac{0.25}{0.30} = 0.833$，由图3-4查出：$\alpha = 16°$；代回式（3-27）得：$\dfrac{l_1}{D} = 26.372 \neq 26.5$m，尚有0.5%的误差，设计计算应有更精确的数值，为此用式（3-27）试算反求，可得 $\alpha = 15.922°$，$n = 3$，所以，$\phi = (n+1)\alpha = 63.688°$。由式（3-1）得：

$$R = \frac{l_1}{2\sin\alpha} = 14.490\text{m}, \ L = 2R\sin\frac{\phi}{2} = 15.290\text{m}$$

$$f = R\left(1 - \cos\frac{\phi}{2}\right) = 2.181\text{m}, \ l_2 = 2R\sin\frac{\alpha}{2} = 4.014\text{m}$$

由式（3-15）、式（3-13）得：

$$\theta_1 = \frac{n-1}{2}\alpha = 15.922°, \ \theta_m = \frac{n}{2}\alpha = 23.883°$$

以上诸值可供节点坐标计算和核对之用。由式（5-1）~式（5-7）各点坐标为：

$x_c=0$，$y_c=f=2.181\text{m}$；

$x_D=l_2\cos\dfrac{\alpha}{2}=3.975\text{m}$（$=-x_B$），$y_D=f-l_2\sin\dfrac{\alpha}{2}=1.625\text{m}$（$=y_B$）；

$x_E=x_D+l_2\cos\left(\dfrac{\alpha}{2}+\alpha\right)=7.645\text{m}$（$=-x_A$）$=\dfrac{L}{2}$，无误。

$\dfrac{\alpha}{2}+\alpha=\dfrac{3}{2}\alpha=\theta_{\mathrm{m}}$，无误。

$y_E=y_D-l_2\sin\dfrac{3}{2}\alpha=0$（$=y_A$），无误。

算例 5：续算例 3，清明上河图上虹桥，6 横木式梁架拱，跨径 $L=24.0\text{m}$，横木高 $h=0.30\text{m}$，f_{net}取等于 $h=0.30\text{m}$，求各节点坐标。

解：由算例 3 已求得须用长 8.25m 木料，$l_1=8.25-0.05=8.20\text{m}$，$\dfrac{L}{l_1}=\dfrac{24}{8.20}=2.92683$，由式（4-1）$\dfrac{L}{l_1}=\dfrac{\sin\left(\dfrac{n+1}{2}\alpha\right)}{\sin\alpha}$反算得：$\alpha=17.322°$，$n=6$，所以，$\phi=(n+1)\alpha=121.254°$，由式（3-1）得：

$R=\dfrac{l_1}{2\sin\alpha}=13.778\text{m}$，$L=2R\sin\dfrac{\phi}{2}=24.0\text{m}$，无误。

$f=R\left(1-\cos\dfrac{\phi}{2}\right)=7.016\text{m}$，$l_2=2\sin\dfrac{\alpha}{2}=4.147\text{m}$。

由式（3-13）和式（3-15）得：

$\theta_1=\dfrac{n-1}{2}\alpha=\dfrac{5}{2}\alpha=43.305°$，$\theta_m=\dfrac{n}{2}\alpha=3\alpha=51.966°$。

节点坐标为：

拱顶：$x_Q = 0$，$y_Q = f = 7.016\text{m}$；

$x_E = \frac{l_2}{2} = 2.074\text{m}$（$= -x_D$），$y_E = f - \frac{l_2}{2}\tan\frac{\alpha}{4} = 6.859\text{m}$（$= y_D$）；

$x_F = l_2\left(\frac{1}{2} + \cos\alpha\right) = 6.032\text{m}$（$= -x_C$），$y_F = y_E - l_2\sin\alpha = 5.624\text{m}$（$= y_C$）；

$x_G = x_F + l_2\cos2\alpha = 9.444\text{m}$（$= -x_B$），$y_G = y_F - l_2\sin2\alpha = 3.267\text{m}$（$= y_B$）；

$x_H = x_G + l_2\cos3\alpha = 11.999\text{m}$（$= -x_A$），$y_H = y_G - l_2\sin3\alpha = 0.000\text{m}$（$= y_A$）；

均无误。

6 横木节点坐标

横木甚小，但与三根主梁接触，计算图式有三种作法。图 6-1a）精确的方法，由各主梁中心线 p'、q'、r' 各伸出一刚臂连接主梁表面与横木接触的 p、q、r 点。图 6-1b）则直接以主梁中心线上的 p'、q'、r' 作为接触点，而略去刚臂，这与图 6-1a）效果基本相同。图 6-1c）则直接以两侧梁中心线交点 J 与底梁 r' 点连线作为横木，这是简化的近似方

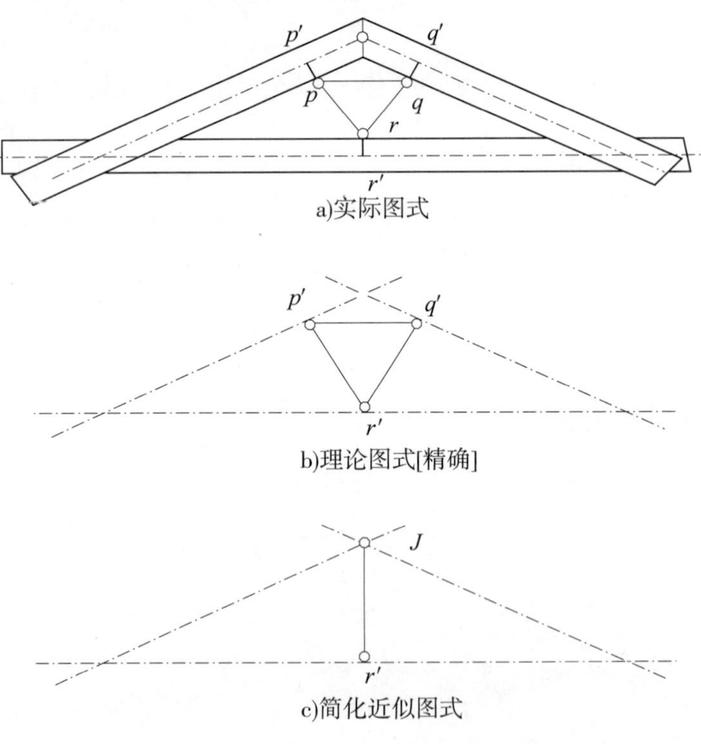

图 6-1 横木与主梁接触计算图式

法。注意横木与主梁接触点视为铰接，铰位于梁身表面，梁身是连续的。两侧主梁的连接点视为铰接，铰位于梁身中线上以传达内力，施工时应紧密抵严，以能起到折线拱的作用。

横木本身又分为中部、拱顶、两侧三种，分述如下：

6.1 中部横木

计算横木与主梁接触点时，亦以用转角法较为清楚简便，由于各种有关角度繁杂，故必须将图形放大以免错乱。图 6-2 示一以 J 点为顶点的主纵梁搭架三角形 IJK，下有一横木与主梁表面接触于 p、q、r 点，对应于主梁中线的垂点为 p'、q'、r'。总体坐标及转角‘+、-’号皆如前面的图 5-1。所示横木位置在第二象限，求各接触点坐标。顶点 J 在拱弧上，其坐标 x_J、y_J已知，各部角度、线段符号皆示于图上。先从左侧的主梁中线交点 I 算起，J 点 x 轴转 +（$180°+\theta_{I1}$）到 JI 位置，故 I 点坐标为：

$$x_I = x_J + u\cos(180° + \theta_{I1}) = x_J - u\cos\theta_{I1}$$

$$y_I = y_J + u\sin(180° + \theta_{I1}) = y_J - u\sin\theta_{I1} \tag{6-1}$$

由 I 点求 r'点坐标：

$$x_{r'} = x_I + v\cos\theta_{I2},\quad y_{r'} = y_I + v\sin\theta_{I2} \tag{6-2}$$

$\overline{r'\ r}\perp\overline{I\ r'}$，与 x 轴倾角 +（$90°+\theta_{I2}$），故 r 点坐标：

$$\left.\begin{aligned} x_r &= x_{r'} + \frac{D}{2}\cos(90° + \theta_{I2}) = x_{r'} - \frac{D}{2}\sin\theta_{I2} \\ y_r &= y_{r'} + \frac{D}{2}\sin(90° + \theta_{I2}) = y_{r'} + \cos\theta_{I2} \end{aligned}\right\} \tag{6-3}$$

为求 p'、q' 坐标，先由 p'、q' 作垂线 $p'r'_1$、$q'r'_2$到 IK 中轴线，由图：

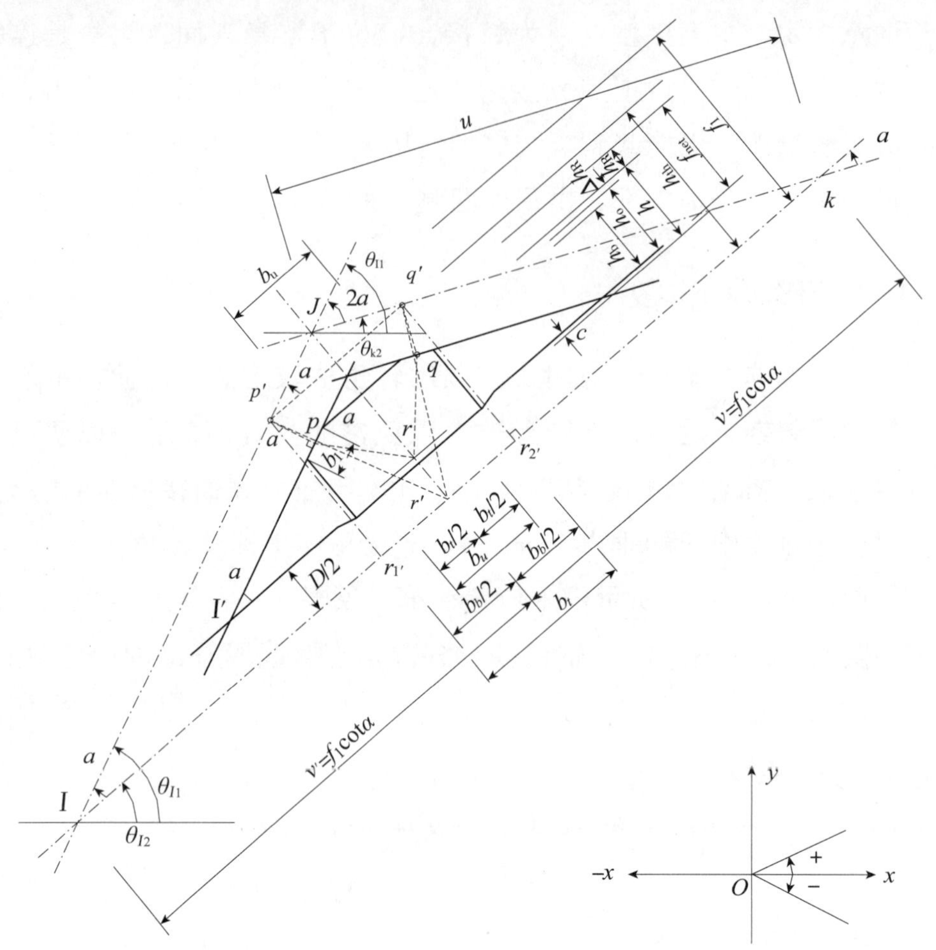

图 6-2　中部横木计算图式

$$\left.\begin{aligned}
&\overline{r'\ r_1'}=\frac{b_t}{2}+\frac{b_1}{2}\cos\alpha+\frac{D}{2}\sin\alpha=\overline{r'\ r_2'}\\
&\overline{I\ r_1'}=v-\overline{r_1'\ r'},\ \overline{I\ r_2'}=v+\overline{r'\ r_2'}\\
&\overline{r_1'p'}=\overline{r_2'q'}=h_{th}=h_0+\frac{D}{2}(\cos\alpha+1)\quad[\text{参见式(3-19)}]
\end{aligned}\right\}\quad(6\text{-}4)$$

由此可得 r_1'、r_2'坐标：

$$\left.\begin{aligned}x_{r_1'}=x_I+\overline{I\,r_1'}\cos\theta_{I2},\quad y_{r_1'}=y_I+\overline{I\,r_1'}\sin\theta_{I2}\\x_{r_2'}=x_I+\overline{I\,r_2'}\cos\theta_{I2},\quad y_{r_2'}=y_I+\overline{I\,r_2'}\sin\theta_{I2}\end{aligned}\right\}\tag{6-5}$$

r_1'、r_2'水平轴各转 $\theta_{I2}+90°$到$\overline{r_1'p'}$、$\overline{r_2'q'}$，故得 p'、q'坐标：

$$\left.\begin{aligned}x_{p'}=x_{r_1'}+h_{th}\cos（90°+\theta_{I2}）=x_{r_1'}-h_{th}\sin\theta_{I2}\\y_{p'}=y_{r_1'}+h_{th}\sin（90°+\theta_{I2}）=y_{r_1'}+h_{th}\cos\theta_{I2}\\x_{q'}=x_{r_2'}+h_{th}\cos（90°+\theta_{I2}）=x_{r_2'}-h_{th}\sin\theta_{I2}\\y_{q'}=y_{r_2'}+h_{th}\sin（90°+\theta_{I2}）=y_{r_2'}+h_{th}\cos\theta_{I2}\end{aligned}\right\}\tag{6-6}$$

$\overline{I\,p'}$顺时针绕 p'点转 90°到 p 点，$\overline{p\,p'}=D/2$，故 p 点坐标为：

$$\left.\begin{aligned}x_p=x_{p'}+\frac{D}{2}\cos（\theta_{I1}-90°）=x_{p'}+\frac{D}{2}\sin\theta_{I1}\\y_p=y_{p'}+\frac{D}{2}\sin（\theta_{I1}-90°）=y_{p'}-\frac{D}{2}\cos\theta_{I1}\end{aligned}\right\}\tag{6-7}$$

$\overline{k\,q'}$顺时针绕 q'点转 90°到 q 点，$\overline{q'q}=D/2$，故 q 点坐标为：

$$\left.\begin{aligned}x_q=x_{q'}+\frac{D}{2}\cos（\theta_{K2}-90°）=x_{q'}+\frac{D}{2}\sin\theta_{K2}\\y_q=y_{q'}+\frac{D}{2}\sin（\theta_{K2}-90°）=y_{q'}-\frac{D}{2}\cos\theta_{K2}\end{aligned}\right\}\tag{6-8}$$

式中：θ_{K2}——主纵梁 JK 的水平倾角。

以上各式中的 J 点坐标、θ_{I1}、θ_{I2}、θ_{K2}以及 u、v、h_{th}等数值皆已在前面的计算中得出。各坐标计算公式适用于第二象限中除靠拱脚的第一个横木以外的所有中间横木，第一象限诸横木由于对称只需将第二象限各横木接触点的 x 坐标（应为负值）改为正值即可，y 坐标不变。

6.2 拱顶横木

当横木为奇数时，拱顶有一横木。此时图 6-2 中的 J 点位于拱顶，$x_J=0$，$y_J=f$；$x_I=-v$，$y_I=f-f_1$；$\theta_{I1}=\alpha$，$\theta_{I2}=0$，$\theta_{K1}=\alpha$，各计算图式大大简化如下：

$$\left.\begin{array}{ll} x_J=0 & y_J=f \\ x_I=-v(=-x_K) & y_I=f-f_1(=y_K) \\ x_{r'}=0 & y_{r'}=f-f_1 \\ x_r=0 & y_r=f-f_1+\dfrac{D}{2} \\ x_{r_1'}=-\overline{r_1'r'}(=-x_{r_2'}) & y_{r_1'}=f-f_1(=y_{r_2'}) \\ x_{p'}=-\overline{r_1'r'}(=-x_{q'}) & y_{p'}=f-f_1+h_{th}(=y_{q'}) \\ x_p=-\overline{r_1'r'}+\dfrac{D}{2}\sin\alpha(=-x_q) & y_p=f-f_1+h_{th}-\dfrac{D}{2}\cos\alpha(=y_q) \end{array}\right\} \quad (6\text{-}9)$$

以上各式皆从前面各有关公式得出，与图 6-2 校核无误。

6.3 拱左端第一横木

拱两侧第一横木的布置有如图 2-6 中所示的三种情况，图 2-6a）为适应地形需要倾斜设置，横木与短边接触面的倾斜度根据需要而定。图 2-6b）为常规的短边梁，接触面的倾斜度是已知的，图 2-6c）无短边梁，横木无需加工左侧接触面。下面按情况 b）计算横木有关节点坐标。横木右半与主纵梁接触，其高度 h 等计算公式已在 3.3 节给出，下面主要计算左半有关各项。

6.3.1 第一横木各种高度和宽度

图 6-3 示左端第一个横木，左边有短边梁 AB、主纵梁 AC，右边为主纵梁 BD，三梁中线交点 ABI，外表面交点 $A'B'I'$，中间夹置一横木。

与中部横木不同的是：中部横木两侧主纵梁与处于横木底面的主纵梁的倾角同是 α，是对称的，顶点两主纵梁中线交点 B 和梁表面交点 B' 连线垂直于底梁和横木顶面。但在本情况，短边梁与底梁倾角 $\Delta\theta_m \neq \alpha$，两边梁不对称，$BB'$和由 B'所作垂直与底梁和横木顶面的 $B'rr'$线转动了一个角度 λ，不难证明：

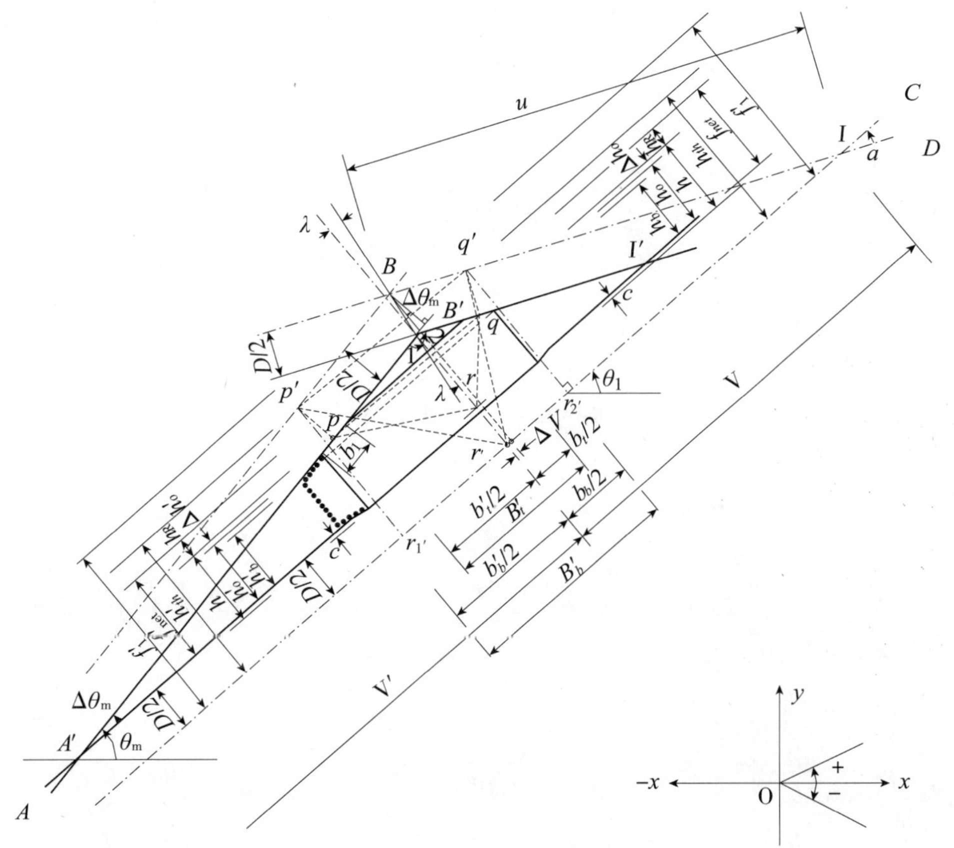

图 6-3 左侧第一横木计算图式

$$\lambda = \frac{1}{2}\left(\alpha - \Delta\theta_m\right) = \frac{1}{2}\left(\alpha - \frac{\alpha}{2}\right) = \frac{\alpha}{4} \tag{6-10}$$

由此引起自 B 和 B'向底梁所作垂线左移一个距离 $\Delta\nu$，由图 6-3：

$$\Delta\nu=\frac{D\sin\lambda}{2\cos\ (\lambda+\Delta\theta_m)}=\frac{D\dfrac{\sin\alpha}{4}}{2\cos\left(\dfrac{\alpha}{4}+\dfrac{\alpha}{2}\right)}=\frac{D\dfrac{\sin\alpha}{4}}{2\ \dfrac{\cos3\alpha}{4}} \tag{6-11}$$

由于 $\Delta\theta_{\mathrm{m}}<\alpha$，故左侧横木与短边梁接触面较长，如果要保持左侧接触面中点 P 与右侧的 q 等高，则左侧横木宽当延到图示虚点线处，徒然增加很多横木宽度，是不必要的。为此，左侧接触面斜长仍取与右侧 b_1 相等，其中点在 P，其高度 h_0' 略高于右侧高 h_0。B' 到底主纵梁的垂线 $B'rr'$ 也将横木顶底面分为不等长的两段 $\frac{b_t}{2}\neq\frac{b_t'}{2}$，$\frac{b_b}{2}\neq\frac{b_b'}{2}$。横木顶底面总长变为 B_t 和 B_b。下面计算此时横木有关尺寸。f_1、h、c、f_{net}、h_R 同右侧，所有左侧参数皆加肩号“$'$”以示区别。

$$\left.\begin{aligned}
&\Delta h'=\frac{b_1}{2}\sin\Delta\theta_m\\
&h_0'=h-\Delta h'-c=h-\frac{b_1}{2}\sin\Delta\theta_m-c\\
&h_{th}'=h_0'+\frac{D}{2}\ (\cos\Delta\theta_m+1)\\
&f_{net}'=f_1'-\frac{D}{2}-\frac{D}{2}\frac{\cos\lambda}{\cos\ (\Delta\theta_m+\lambda)}=f_1'-\frac{D}{2}\left[1+\frac{\cos\lambda}{\cos\ (\Delta\theta_m+\lambda)}\right]=f_{net}\\
&h_b'=h-b_1\sin\Delta\theta_m-c\\
&h_R=f_{net}-h+c,\qquad \text{同前}\\
&\frac{b_t'}{2}=\frac{h_R}{\tan\Delta\theta_m},\qquad \text{同前：}\ \frac{b_t}{2}=\frac{h_R}{\tan\alpha}\\
&B_t=\frac{b_t'}{2}+\frac{b_t}{2}=h_R\left(\frac{1}{\tan\Delta\theta_m}+\frac{1}{\tan\alpha}\right)\\
&\frac{b_b'}{2}=\frac{b_t'}{2}+b_1\cos\Delta\theta_m,\qquad \text{同前：}\ \frac{b_b}{2}=\frac{b_t}{2}+b_1\cos\alpha\\
&B_b=B_t+b_1\ (\cos\Delta\theta_m+\cos\alpha)
\end{aligned}\right\} \tag{6-12}$$

6.3.2 左侧第一横木节点坐标

左侧各节点坐标由于 A、B 节点都是已知的，而且 A 点是左侧拱脚点，坐标 $x_A = -\frac{L}{2}$，$y_A = 0$，故从 A 点开始计算最为简捷。已知：

$$x_A = -\frac{L}{2}, \quad y_A = 0 \tag{6-13}$$

先求 $\overline{A\,r'}$ 和 $\overline{r'I}$，由图 6-3 得：

$$\left.\begin{aligned} \overline{Ar'} &= \frac{l_1}{2} - \Delta\nu \\ \overline{r'I} &= \nu + \Delta\nu \end{aligned}\right\} \tag{6-14}$$

参照 6-1 节，已知 $x_A = -\frac{L}{2}$，$y_A = 0$：

左侧：

$$x_{r'} = x_A + \overline{Ar'}\cos\theta_1, \quad y_{r'} = y_A + \overline{Ar'}\sin\theta_1 \tag{6-15}$$

$$\left.\begin{aligned} &\overline{r'r_1'} = \frac{b_t'}{2} + \frac{b_1}{2}\cos\Delta\theta_m + \frac{D}{2}\sin\Delta\theta_m \\ &\overline{r'r_2'} = \frac{b_t}{2} + \frac{b_1}{2}\cos\alpha + \frac{D}{2}\sin\alpha,\ \text{同式（6-4）} \\ &\overline{Ar_1'} = \overline{Ar'} - \overline{r'r_1'}, \qquad \overline{Ar_2'} = \overline{Ar'} + \overline{r'r_2'} \\ &\overline{r_1'p'} = h_{th}' = h_0' + \frac{D}{2}\left(\cos\Delta\theta_m + 1\right) \\ &\overline{r_2'q'} = h_{th} = h_0 + \frac{D}{2}\left(\cos\alpha + 1\right),\ \text{同式（6-4）} \end{aligned}\right\} \tag{6-16}$$

$$\left.\begin{aligned} x_{r_1'} &= x_A + \overline{A\,r_1'}\cos\theta_1, & y_{r_1'} &= y_A + \overline{A\,r_1'}\sin\theta_1 \\ x_{p'} &= x_{r_1'} - h_{th}'\sin\theta_1, & y_{p'} &= y_{r_1'} + h_{th}'\cos\theta_1 \\ x_p &= x_{p'} + \frac{D}{2}\sin\theta_m, & y_p &= y_{p'} - \frac{D}{2}\cos\theta_m \end{aligned}\right\} \tag{6-17}$$

$$\left.\begin{aligned}
&\text{右侧:}\quad x_{r_2'}=x_A+\overline{A\,r_2'}\cos\theta_1,\ \ y_{r_2'}=y_A+\overline{A\,r_2'}\sin\theta_1\\
&\qquad\qquad x_{q'}=x_{r_2'}-h_{th}\sin\theta_1,\ \ y_{q'}=y_{r_2'}+h_{th}\cos\theta_1\\
&x_q=x_{q'}+\frac{D}{2}\cos\left(\theta_m-\frac{3}{2}\alpha-90°\right)=x_{q'}+\frac{D}{2}\sin\left(\theta_m-\frac{3}{2}\alpha\right)\\
&y_q=y_{q'}+\frac{D}{2}\sin\left(\theta_m-\frac{3}{2}\alpha+90°\right)=y_{q'}-\frac{D}{2}\cos\left(\theta_m-\frac{3}{2}\alpha\right)
\end{aligned}\right\}\tag{6-18}$$

式中 $\theta_m-\frac{3}{2}\alpha$ 是主纵梁 BI 的水平倾角。

算例6：续算例5，计算虹桥节点 C 处横木节点坐标，参见图5-2、图6-2。

解：C 点横木为对称的中部横木，由前面例3、例5已得有关参数列举如下：

$L=24\text{m}$，$l_1=8.20\text{m}$，$D=0.30\text{m}$，$h=0.30\text{m}$，$c=0.01\text{m}$，$n=6$

$\alpha=17.322°$，$\frac{\alpha}{2}=8.661°$，$\phi=7\alpha=121.254°$，$\frac{\phi}{2}=60.627°$。

求得：

圆弧拱半径：

$$R=\frac{L}{2\sin\frac{\phi}{2}}=13.77023\text{m}$$

矢高：

$$f=R\left(1-\cos\frac{\phi}{2}\right)=7.0160\text{m}$$

校核：

$$\frac{l_1}{2}=R\sin\alpha=4.09997=4.1\text{m}，\text{无误}$$

算得：

$$f_1 = \frac{l_1}{2}\tan\frac{\alpha}{2} = 0.62453\text{m}$$

$$f_{net} = f_1 - \frac{D\tan\alpha}{2\tan\frac{\alpha}{2}} = 0.62453 - 0.30894 = 0.31559\text{m};$$

余高：

$$h_R = f_{net} - h + c = 0.02559\text{m} \approx 0.026\text{m}，可以$$

由此得出横木顶宽：

$$b_t = \frac{2h_R}{\tan\alpha} = 0.164\text{m}$$

合理的横木底宽 b_b 应在 0.25m 左右，由底宽公式 $b_b = b_t + 2b_1\cos\alpha$，可反求出合理的斜坡面长度 b_1：

$$b_1 = \frac{b_b - b_t}{2\cos\alpha} = 0.0450\text{m}，采用 b_1 = 0.05\text{m}$$

则：$b_b = b_t + 2b_1\cos\alpha = 0.259\text{m}$，可以。

然后可算出其他有关参数，参见式（3-14）~式（3-19）：

$$\Delta h_0 = \frac{b_1}{2}\sin\alpha = 0.00744\text{m}$$

$$h_0 = h - \Delta h_0 - c = 0.28255\text{m}$$

$$h_{th} = h_0 + \frac{D}{2}(\cos\alpha + 1) = 0.57575\text{m}$$

$$u = f_1\csc\alpha = 2.09756\text{m}$$

$$v = f_1\cot\alpha = 2.00242\text{m}$$

$$u + v = 4.09998 = \frac{l_1}{2}，无误$$

另：
$$\theta_m = \frac{n}{2}\alpha = 3\alpha = 51.966°$$

$$\theta_1 = \frac{n-1}{2}\alpha = 2.5\alpha = 43.305° = \theta_{I1}$$

$$\Delta\theta_m = \frac{1}{2}\alpha = 8.661°$$

$$\theta_{I2} = \frac{3}{2}\alpha = 25.983°$$

$$\theta_{K2} = \frac{1}{2}\alpha = 8.661°$$

得到以上诸参数后，即可进行横木节点坐标计算，参见式（6-1）~式（6-8）及图6-2，图中 J 点为结构图中的 C 点。

由例5得：

$$x_{\mathrm{J}} = x_{\mathrm{C}} = -6.032\mathrm{m},\ y_{\mathrm{J}} = y_{\mathrm{C}} = 5.624\mathrm{m}$$

由式（6-1）得：

$$x_I = -7.55874\mathrm{m},\ y_I = 4.18502\mathrm{m}$$

由式（6-2）得：

$$x_{r'} = -5.75909\mathrm{m},\ y_{r'} = 5.06211\mathrm{m}$$

由式（6-3）得：

$$x_r = -5.82481\mathrm{m},\ y_r = 5.19695\mathrm{m}$$

由式（6-4）得：
$$\begin{cases} \overline{r'r_1'} = \overline{r'r_2'} = 0.15053\mathrm{m} \approx 0.151\mathrm{m} \\ \overline{I r_1'} = 1.851\mathrm{m} \\ \overline{I r_2'} = 2.153\mathrm{m} \\ \overline{r_1'p'} = \overline{r_2'q'} = h_{th} = \ = 0.576\mathrm{m} \end{cases}$$

由式（6-5）得：$\begin{cases} x_{r_1'} = -5.89483\text{m}, \\ y_{r_1'} = 4.99599\text{m} \\ x_{r_2'} = -5.29974\text{m} \\ y_{r_2'} = 5.12826\text{m} \end{cases}$

由式（6-6）得：$\begin{cases} x_{p'} = -6.14718\text{m} \\ y_{p'} = 5.51377\text{m} \\ x_{q'} = -5.55209\text{m} \\ y_{q'} = 5.64604\text{m} \end{cases}$

由式（6-7）、式（6-8）得：$\begin{cases} x_p = -6.11289\text{m} \\ y_p = 5.40461\text{m} \\ x_q = -5.52950\text{m} \\ y_q = 5.49775\text{m} \end{cases}$

由于对称，右侧 F 横木各节点 x 坐标将上列有关各值改‘+’号即可，y 坐标不变。

算例 7：续算例 4，计算图 5-1b）所示 3 横木梁架拱两侧第一横木节点 B 坐标，见图 6-3。

解：B 点横木为非对称的端部横木，其右侧与中横木相似，左侧则不同，两侧的参数有一部分相同，而大部分不相同，两侧都要计算，较中部横木更为复杂。由前面例 4 已得有关参数列举如下：

$L = 15.290\text{m}$，$l_1 = 7.95\text{m}$，$D = 0.30\text{m}$，$h = 0.25\text{m}$，$c = 0.01\text{m}$，$n = 3$

$\alpha = 15.922°$，$\frac{\alpha}{2} = 7.961°$，$\frac{\alpha}{4} = 3.9805°$，$\frac{3\alpha}{4} = 11.9415°$

$l_2 = 4.014\text{m}$，$\phi = 4\alpha = 63.688°$，$\frac{\phi}{2} = 31.844°$

$R = 14.490\text{m}$，$f = 2.181\text{m}$；$\theta_1 = 15.922°$，$\theta_m = 23.883°$，$\Delta\theta_m = 7.961°$

由式（6-10）式（6-11），因不对称引起的转角 λ 和横木底面中点偏移 $\Delta\nu$：

$$\lambda=\frac{\alpha}{4}=3.9805°$$

$$\Delta\nu=\frac{D\sin\left(\frac{\alpha}{4}\right)}{2\cos\left(\frac{3\alpha}{4}\right)}=0.01064\text{m}$$

两侧相同的其他参数：

$$f_1=l_2\sin\Delta\theta_m=\frac{l_1}{2}\tan\frac{\alpha}{2}=0.55589\text{m}$$

$$f_{net}=f_1-\frac{D\tan\alpha}{2\tan\frac{\alpha}{2}}=0.24991\approx0.25\text{m}=h$$

$$h_R=c=0.01\text{m}$$

由式（3-20）~式（3-26），以及式（6-12）得：

1/2 顶宽：　右：$\frac{1}{2}b_t=\frac{h_R}{\tan\alpha}=0.03505\text{m}$

　　　　　左：$\frac{1}{2}b_t'=\frac{h_R}{\tan\Delta\theta_m}=0.07151\text{m}$

顶宽：　　$B_t=\frac{1}{2}b_t+\frac{1}{2}b_t'=0.10656\text{m}\approx0.107\text{m}$

1/2 底宽：　右：$\frac{1}{2}b_b=\frac{1}{2}b_t+b_1\cos\alpha$

　　　　　左：$\frac{1}{2}b_b'=\frac{1}{2}b_t'+b_1\cos\Delta\theta_m$

横木宽（底宽）B_b以在 0.2m 左右为宜，由此可反求出适宜的斜面长度：

$$b_1=\frac{B_b-B_t}{\cos\alpha+\cos\Delta\theta_m}=0.0476\text{m}$$

采用 $b_1 = 0.05\text{m}$，可得底宽：

右：$\frac{1}{2}b_b = 0.0831\text{m}$；左：$\frac{1}{2}b'_b = 0.1215\text{m}$。

则：$B_b = \frac{1}{2}b_b + \frac{1}{2}b'_b = 0.205\text{m}$，可以。

左侧：

由式（6-12）得：

$$\Delta h'_o = \frac{b_1}{2}\sin\Delta\theta_m = 0.00346$$

$$h'_o = h - \Delta h'_0 - c = 0.2364\text{m}$$

$$h'_{th} = h'_0 + \frac{D}{2}(\cos\Delta\theta_m + 1) = 0.53495\text{m}$$

右侧：

由式（3-17）得：

$$\Delta h_0 = \frac{b_1}{2}\sin\alpha = 0.00686\text{m}$$

由式（3-18）得：

$$h_0 = h - \Delta h_0 - c = 0.23314\text{m}$$

由式（3-19）得：

$$h_{th} = h_0 + \frac{D}{2}(\cos\alpha + 1) = 0.52739\text{m}$$

为计算横木节点坐标，须由式（3-18）先算得下列诸参数：

$$u = f'_1\csc\alpha = 2.026\text{m},\ \nu = f'_1\cot\alpha = 1.949\text{m}$$

$$u + \nu = 3.975\text{m} = \frac{l_1}{2}，无误$$

由式（6-14）得：

$$\overline{A\,r'}=\frac{l_1}{2}-\Delta\nu=3.96436\text{m},\ \overline{r'I}=\nu+\Delta\nu=1.95964\text{m}$$

由式（6-4）得：

$\overline{r'r_1'}=0.09627\text{m}$

$\overline{r'r_2'}=0.10024\text{m}$，同前，$\overline{r\,r_2'}$是右侧尺寸，同前不变

$\overline{A\,r_1'}=3.86809\text{m}$，$\overline{A\,r_2'}=4.06460\text{m}$

$\overline{r_1'p'}=0.53495\text{m}$

$\overline{r_2'q'}=0.52739\text{m}$，同前

横木节点坐标计算如下：参见图 8-3 及 6.3.2 节诸公式

已知：$x_A=-\frac{L}{2}=-7.645\text{m}$，$y_A=0$；

左侧：

由式（6-2）得：$\begin{cases}x_{r'}=-3.83273\text{m}\\ y_{r'}=1.08754\text{m}\end{cases}$

由式（6-15）得：$\begin{cases}x_{r1'}=-3.92531\text{m}\\ y_{r1'}=1.06113\text{m}\\ x_{p'}=-4.07206\text{m}\\ y_{p'}=1.57556\text{m}\\ x_p=-4.01187\text{m}\\ y_p=1.43840\text{m}\end{cases}$

右侧：

由式（6-16）得：
$$\begin{cases} x_{r2'} = -3.73633\text{m} \\ y_{r2'} = 1.11504\text{m} \\ x_{q'} = -3.88101\text{m} \\ y_{q'} = 1.62217\text{m} \\ x_q = -3.88101\text{m}\left(\text{本例 BI 梁水平，}\theta_m - \dfrac{3}{2}\alpha = 0\right) \\ y_q = 1.4721\text{m} \end{cases}$$

6.4 小结

梁架拱系由几根木梁搭架而成，看似简单，但由于每根木梁几乎都是倾斜的，而且相互差变甚小，每根横木的三个着力点也是如此，因此计算时复杂的三角公式不可避免。在相当长的探索过程中，曾采用几种作法，力求简化，最后仍以上述的转角法求算思路较为清楚简练，而且使各有关数值的计算模式能达到统一化，减少混乱。各种数值为设计施工过程加工、制作、架设、安装所必需。

古代大量修建虹桥，是不可能作这些计算的，唯一的作法是在现场开辟一平整场地按 1∶1 放出大样，主梁、横木皆按大样尺寸进行加工。如虹桥跨径 24m，高 7m 计，由于对称，放出半幅大样即可，故只需大样坪台 13m × 8m，是容易做到的。现代施工，亦宜尽可能放大样以核对计算是否精确，否则易影响质量，招致事故。例如两主梁接头处是一倾斜面，两梁加工时倾斜面倾斜度必须严格一致，以保持梁与梁间平面接触使能传达相当大的拱力，如果倾斜度不同，势必形成点接触，造成应力集中，对梁端受力不利。1999 年上海市曾与美国一电视台协作建造一座跨径 13.2m 的小型虹桥，经 3 年后检查即见有几处木梁接触处开裂的报道[2]，当与此有关。

主梁及横木各节点坐标需要电算，见下文。

7　梁架拱结构力学计算

7.1　梁架拱结构的高次超静定性

和几何计算一样，梁架拱看似构造简单，但其结构力学计算十分复杂。以一个最简单的二横木式梁架拱为例，可以分解为2个横木和2个折线拱架共4个自由体。

①每个横木有3点与主梁铰接，各铰接点有水平、垂直2个作用力，共6个作用力，都是未知的，作为一个平面力系，可以提供3个力平衡方程式，还有6－3＝3个力未知，因而一个横木是3次超静定，2个横木共6次超静定，如图7-1a)。

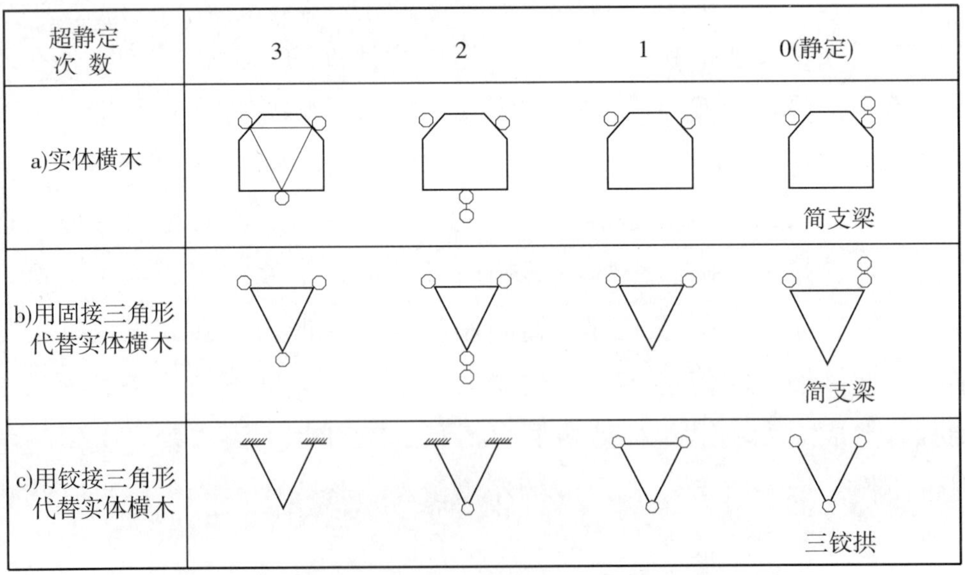

超静定次数	3	2	1	0(静定)
a)实体横木				简支梁
b)用固接三角形代替实体横木				简支梁
c)用铰接三角形代替实体横木				三铰拱

图7-1　横木超静定次数的演变（0表示静定）

横木受力时3个作力点之点的连线可以当作是内力的主要传播途径，因此可以近似地把3点固接起来的三角形代表横木刚体。这个刚体如果两个支点（连接点）一为铰接一为滚轴时是静定的，都是铰接时为一次超静定。如果第三连接点都为铰接则成三次超静定，和实体横木完全相同，如图7-1b)。因此在计算时可以用一个固结三角形来代表实体横木。

但如果三角形的三个角点不是固接而是铰接，情况就不一样了，由图7-1c）可见，右端的两杆铰接，加上两脚点铰接相当于三铰拱，是静定的。加一底杆就成了一次超静定，而不是刚接三角形的三次超静定。

②折线拱架分1、2两号，偶数横木者两号形状相同，但反对称。当$n=2$时，两个折线拱架都是三铰拱，每架有3个铰，$3\times2=6$个未知力。分解为两根铰接杆，每杆可提供3个力平衡方程，共$2\times3=6$个方程，故每架皆为$6-6=0$次超静定，即静定，这是大家熟知的（表7-1）。

梁架拱超静定次数 表7-1

	n=2 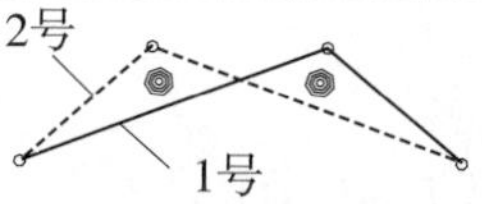 2号 1号			n=3 2号 1号 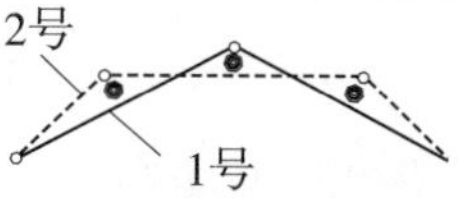		
	未知力数	方程数	超静定次数	未知力数	方程数	超静定次数
横木	$6n=12$	$3n=6$	$3n=6$	$6n=18$	$3n=9$	9
1号梁架	3铰*2=6	2杆*3=6	0	3铰*2=6	2杆*3=6	0
2号梁架	6	6	0	4铰*2=8	3杆*3=9	-1
整体	0(4个支点铰*2=8，已包含在上数中)	3	-3		3	-3
合计	24	21	3	32	27	5

③此外，梁架拱作为整体，未知力为4个拱脚铰支点的外力，共$4\times2=8$个。已包含在前述未知力中，但还可提供3个方程式。

以上总计，一个2横木梁架拱共有未知力2(横木)$\times6+[2$(内铰)$+4$(外铰)$]\times2=24$个，可提供平面力系力平衡方程式［2(横木)+4(杆)+1

(整体)] ×3 =21 个，故超静定次数为 24 -21 =3 次。

n 为奇数时略有不同，其 1、2 两号梁架形状互异。作为示例，现将 $n=3$ 的超静定次数分项计算与 $n=2$ 者同列于表 9-1 中，可相互对照。超静定次数也可如上计算，未知力 3(横木) ×6 +[3(内铰) +4(外铰)] ×2 =32 个，方程式 [3(横木) +5(杆) +1(整体)] ×3 =27 个，超静定次数为 32 -27 =5 次。

推广到横木数为 n 时：

未知力数 $6n$(横木) +[n(内铰) +4(外铰)] ×2 =$8(n+1)$ 个；

方程式 [n(横木) +$(n+2)$(杆) +1(整体)] ×3 =$3(2n+3)$ 个；

所以，超静定次数：$\lambda=2n-1$。

由上可见，一个最简单的 2 横木式梁架拱为 3 次超静定结构，须求解 8 个未知外力，16 个未知内力。虹桥 $n=6$，为 2 ×6 -1 =11 次超静定，有 8 个未知外力，48 个未知内力。

梁架拱作为整体而论，有 4 个拱脚铰支点，8 个未知支反力，3 个力平衡方程式，为 8 -3 =5 次超静定。

1998 年美国波士顿 WGBH 电视台和中国拍摄虹桥科教片，出资在上海市金浦区金泽镇修建一座跨径 13.2m 的小型虹桥。《中国木拱桥》书中提到，该电视台研究员朱丽叶（Julie Crowford）说："虹桥包罗有更高精的技术和存在着更伟大的结构上的挑战。"看来她曾经考虑过这种虹桥的结构计算问题。

7.2 早期求解的努力及其缺憾

前面已曾提到，20 世纪 50 年代初作者即探讨过梁架拱的计算问题，其主要思路是忽略折线拱的作用，把各梁视为简支；将垂直荷载按实际传达途径逐次分配，最后级数求和求得各横木下主梁分担的垂直荷载和两端支点的垂直反力。这些反力与将梁架拱作为整体求得的反力一致（见附录）。显然这只是50年代的水平。梁架拱是一个超静定折线拱，未知内外力繁多，必须用线性方程组才能解得，而大型线性代数方程组的求解，以及有限单元法、电子计算机都是六十年代中期以后才逐渐发展和进入实际应用的，当时的求解只能采用简化和近似的方法，附录表示了当时在这方面作出的一个努力。

前文已经指出：一组梁架拱的主次两副梁架各形成一个折线拱，由于拱的作用，各梁身轴向力承担了大部分荷载，梁身承受的弯矩大大减小，因而梁架拱的实际承载力要比附录所算得超过很多，即附录算得结果大大偏于安全。

为了说明这一点，下面作一近似验算。设一三横木式梁架拱，如图7-2，拱顶 c 作用一力 P，当不考虑主梁①AC、②CE 的轴向力时，P 经横木直接传达到主梁④BD 上，经逐次分配结果，如附录图4所示，梁④BD 受力将达到 $2P$，即作用力 P 的2倍。试验算考虑主梁①、②轴向力时的情况。

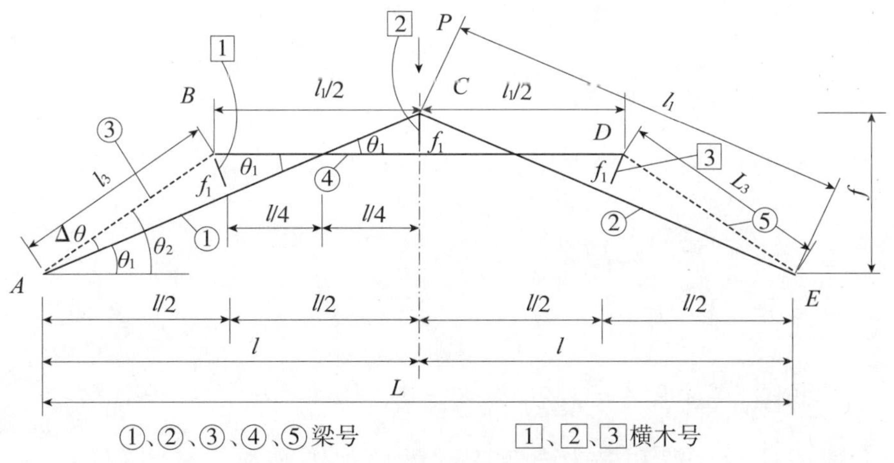

图7-2　三横木式梁架拱构造

解：当主梁①、②共同参与受力 P 时，作用力将由梁①、②和④（横木传达）共同承担。

设梁①及②分担的垂直力各为 ηP_{2V}，顺梁向分力 $s_1 = \eta P_{2V}\sin\theta_1$，引起梁①长的缩短值为，如图 7-3 所示：

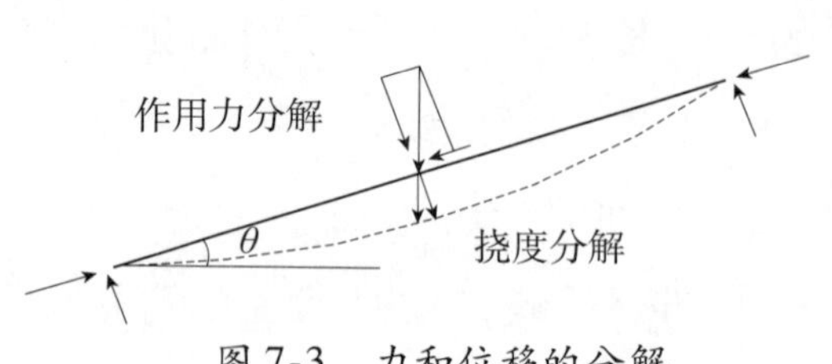

图 7-3 力和位移的分解

$$\delta_{1s} = \frac{l_1}{EA}\eta P_{2V}\sin\theta_1$$

由此引起梁①右端垂直位移 δ_{V1s}：

$$\delta_{V1s} = \delta_{1s}\sin\theta_1 = \frac{l_1}{EA}\eta P_{2V}\sin^2\theta_1$$

梁④中点分担的垂直力为（$1-2\eta$）P_{2V}，由此引起的梁弯矩挠度 δ_{4d} 为（由于梁④水平，此挠度垂直）：

$$\delta_{4d} = \delta_{4v} = \frac{l_1^3}{48EI}（1-2\eta）P_{2V}$$

此垂直力分配到两端横木 1 、 3 上的垂直力为 $\frac{1}{2}\times(1-2\eta)$ P_{2V}，其垂直于梁①、③中轴线的分力为：

$$\frac{1}{2}\times(1-2\eta)\ P_{2V}\cos\theta_1$$

引起梁①、③的弯矩挠度 δ_{1d}、δ_{3d} 为：

$$\delta_{1d} = \frac{l_1^3}{48EI}（1-2\eta）P_{2V}\cos\theta_1 \times \frac{1}{2} = \delta_{3d}$$

其垂直分位移为：

$$\delta_{V1d} = \delta_{1d}\cos\theta_1 = \frac{l_1^3}{48EI}（1-2\eta）P_{2V}\cos^2\theta_1 \times \frac{1}{2} = \delta_{v3d}$$

上述位移中，梁和横木自重引起的位移因为在安装过程即已形成，故不计入。

当梁①右端顶点下降 $\delta_{\nu1s}$ 时，梁①中点相应下降 $\frac{1}{2}\delta_{\nu1s}$，由此考虑垂直位移协调，有：

$$\delta_{\nu1s}=\delta_{4d}+\delta_{\nu1d}+\frac{1}{2}\delta_{\nu1s}$$

即：$\frac{l_1}{2EA}\eta P_{2V}\sin^2\theta_1=\frac{l_1^3}{48EI}(1-2\eta)P_{2V}\left(1+\frac{\cos^2\theta_1}{2}\right)$；

整理得：$\eta=\frac{1+\cos^2\theta_1/2}{\frac{24I\cdot\sin^2\theta_1}{A\cdot l_1^2}+2\left(1+\frac{\cos^2\theta_1}{2}\right)}$；

将上述数值带入得：$\eta=0.49999$。

可见几乎全部为①、③梁承担，梁④分担部分只有 $(1-2\eta)P=0.00002P$，几近于零，也可以说只承担自重。

由此可知，为了使梁架拱充分发挥其承载能力，必须确保整个结构能起拱的作用，为此必须：

①保证横木与周围主梁之间的牢固连接，使诸梁共同受力。当细心观察虹桥的结构，不难发现在横木处有绳索捆绑的现象。绳索把主梁④的中间点吊在另外两个主梁①和②衔接的顶点上，不允许其自由下挠，如图7-4所示。在古代，这是一种十分简便有效的连接方法，注意绳索必须伸长量小，而且捆绑牢固。现代可用铁件连接，更为有利。

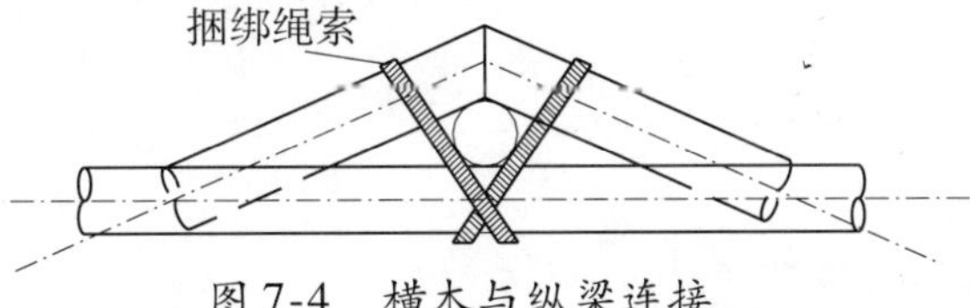

图7-4 横木与纵梁连接

② ①、②两主梁连接面c处必须紧密，接触面倾斜必须相同，使互相吻合，以有效传达轴向力。为此木梁制作加工必须精细。

③横木与周围三根主梁的接触面必须密贴，其加工亦须精细。

当各梁共同工作形成一个整体梁架拱式体系时，如前所述，全桥形成了一个高次超静定体系，须用有限元法籍助电算求解。下面介绍电算的结果。

7.3 梁架拱计算的基本数据

参照《木结构设计规范》GBJ 5—88 中有关条文进行。

①木料选取东北落叶松：抗弯设计值 $f_w = 14.5\text{MPa}$，抗拉设计值 $f_c = 14.5\text{MPa}$，弹性模量 $E = 11000\text{MPa}$，允许挠度值 $w = \frac{L}{250}$，允许长细比 120，重度 8.5kN/m^3，木料标准长度 $l_1 = 8\text{m}$，计算长度 $l = 7.85\text{m}$。

②木料直径 $\phi = 30\text{cm}$（细头），跨中直径按 $D = 30 + 0.9 \times \frac{8}{2} = 33.6\text{cm}$。

主梁面积：$$A = \frac{\pi}{4} \times 0.336^2 = 0.0887\text{m}^2$$

$$EA = 11000 \times 0.0887 = 9.76 \times 10^5\text{kN}$$

主梁惯性矩：$$I = \frac{\pi D^4}{64} = \frac{\pi}{64} \times 0.336^4 = 6.256 \times 10^{-4}\text{m}^4$$

$$EI = 11000 \times 6.256 \times 10^{-4} = 6.882\text{m}^2$$

截面模量：$$W = \frac{\pi D^3}{32} = \frac{\pi}{32} \times 0.336^3 = 0.003724\text{m}^3$$

每延米自重力：

$$q_1 = A \cdot r = 0.0887 \times 8.5 = 0.754\text{kN/m} \tag{7-1}$$

③主梁上设梳形木，按宽 5cm，中点高同横木 30cm，平均高按 2/3 计。一片折算成纵向每延米重力为：

$$q_2 = 0.05 \times 0.30 \times 8.5 = 0.085\text{kN/m} \tag{7-2}$$

④梳形木上铺横桥向木桥面板厚 0.05m，上铺石灰卵石三合土厚 0.10m（比重 18kN/m^2），设按梁长分布，每梁通过梳形木承

担，则桥面总自重力为：

$$q_3 = (0.05 \times 8.5 + 0.10 \times 18) \times 0.336 = 0.748\text{kN/m}（单梁） \quad (7\text{-}3)$$

⑤人群荷载：按 3.0kN/m^{2}计，折合单根梁每延米：

$$q_4 = 3.0 \times 0.336 = 1.008\text{kN/m}，按桥面水平分布（单梁） \quad (7\text{-}4)$$

7.4 三横木式梁架拱计算

计算按图 5-1 所示的横木精确法和简化法两种图式进行，并比较二者结果的差距。荷载除恒载外，活载只采用人群荷载。电算程序采用《桥梁博士 V3.0 版》，按一片梁架宽 0.336m 进行。

7.4.1 计算图式和有关数据

有关数据已在算例 4 和 7 中得出，主梁标准长度 8m，计算长度 $l_1 = 7.95$m，直径 $D = 0.30$m，空隙净高 h_{net}取主梁之间横木高 $h = 0.25$m。短边梁长 $l_2 = 4.014$m。

①基本尺寸

梁①与水平线的倾角 $\theta_1 = 15.922°$；

桥梁的理论跨径：$L = 15.290$m，

端梁③与梁①夹角：$\Delta\theta_m = 7.961°$，

与水平线夹角：$\theta_m = \theta_1 + \Delta\theta_m = 23.883°$。

全桥理论矢高（木梁中心线）$f = 2.181$m，小矢高 $f_1 = 0.556$m。

②荷载（按一片梁架宽 0.336m 计）

主梁本身恒重皆按主梁轴线分布，包括梳形木和桥面铺装，横向按一排梁架宽 0.336m。

$$q_{恒} = q_1 + q_2 + q_3 = 0.754 + 0.085 + 0.748 = 1.587\text{kN/m}$$

由于梁架每组两排，横木绑扎在其中一排上，故分担横木长 $2 \times 0.336 = 0.672$m，横木重：

$$Q_0 = 0.25 \times 0.20 \times 0.672 \times 8.5 = 0.286\text{kN}$$

横木作为集中力施工之初加在下压的主梁上，完工后作为节点力加在其上两主梁交接的节点上。

活载只计人群荷载，由式（7-4）：

$$q_{活} = 1.008\text{kN/m}$$

③单位和符号

ⓐ基本单位

结构坐标与长度单位：m；

轴力、剪力单位：kN，弯矩单位：kN · m；

应力单位：MPa；

线位移单位：m；

角位移单位：弧度。

ⓑ平面坐标系

x：水平轴向右为正；

y：垂直轴向上为正。

ⓒ荷载方向

水平力：沿整体坐标的 x 方向向右为正；

竖直力：沿整体坐标的 y 方向向上为正；

弯矩：依右手螺旋法则，右拇指垂直于纸面上的整体坐标系（向读者方向）为正。

ⓓ内力方向

轴力：使单元受压为正，受拉为负；

剪力：使单元底缘向顶缘方向为正，反之为负；

弯矩：使单元底缘受拉为正，上缘受拉为负；

位移：与总体坐标系一致为正，反之为负；

应力（法向应力）：压应力为正，拉应力为负；

剪应力：由截面底缘向顶缘方向为正，反之为负；

支撑反力：与总体坐标系一致为正，反之为负。

7.4.2 精确法电算

算例8：根据有限元平面杆系划分结构的单元和节点，节点编号和坐标的编排如下：

①节点编号

如图7-5，一个梁架拱单元共23个梁单元和14个节点。横木是倒三角形，每个横木有3个单元和与主梁相接处三个节点，但在主梁上这三个节点是刚结的，如用同一节点编号势必引起混乱，故必须另外附加3个节点号，共9个附加节点号。另外，在两根主梁连接处，包含拱脚，两个梁单元都是铰接的，但拱脚因分属于1号、2号两个梁架，故也设一附加节点号以兹区别，共2个附加节点号，全部共需增加3×3+2×1=11个附加节点号。

但是，实际计算时各主梁节点处的附加节点有所增加，不影响计算结果，见表7-2：

附加节点号表　　表7-2

<table>
<tr><td>节点</td><td colspan="2">1</td><td colspan="2">2</td><td colspan="2">3</td><td colspan="2">4</td><td colspan="2">5</td></tr>
<tr><td>附加</td><td colspan="2">101</td><td>102</td><td>103</td><td colspan="2">121</td><td>104</td><td>105</td><td>106</td><td>107</td></tr>
<tr><td>节点</td><td colspan="2">6</td><td colspan="2">7</td><td colspan="2">8</td><td colspan="2">9</td><td colspan="2">10</td></tr>
<tr><td>附加</td><td>108</td><td>109</td><td colspan="2">122</td><td>112</td><td>113</td><td>114</td><td>115</td><td colspan="2">123</td></tr>
<tr><td>节点</td><td colspan="2">11</td><td colspan="2">12</td><td colspan="2">13</td><td colspan="2">14</td><td colspan="2"></td></tr>
<tr><td>附加</td><td>110</td><td>111</td><td>118</td><td>119</td><td colspan="2">120</td><td>116</td><td>117</td><td colspan="2"></td></tr>
</table>

②节点坐标

主梁各节点坐标见算例4，两侧第一横木节点坐标见算例7，拱顶横木坐标可由式（6-9）求得，亦可画一拱顶横木图由几何关系直接求得，为节省篇幅，这里只列出结果。

$$x_{108} = -0.100\text{m} = -x_{110}, \quad y_{108} = 2.152\text{m} = y_{110}$$

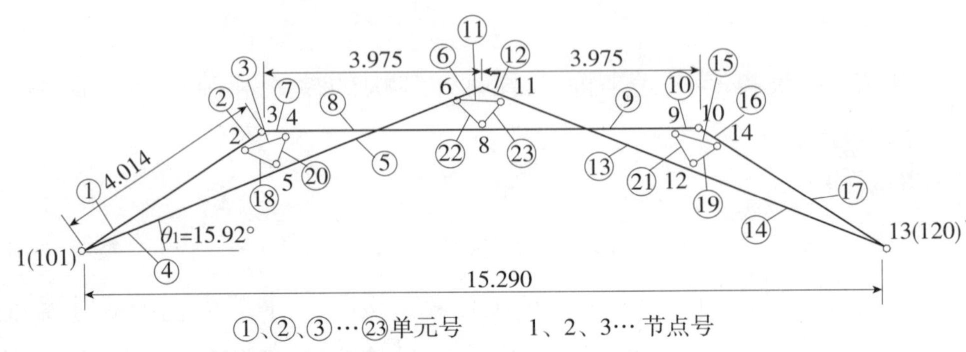

图 7-5　三横木梁架拱有限元精确计算

③恒载计算

恒载计算见表 7-3 和表 7-4。恒载节点荷载按节点平均间距 $\frac{15.290}{4} = 3.8225\text{m}$ 算得。

恒载各节点内力计算表　　表 7-3

单元号	节点号	轴力（kN）	剪力（kN）	弯矩（kN·m）
①	1	3.202e+001	9.341e+000	1.110e−016
①	2	3.202e+001	−7.150e+000	−5.278e−001
②	2	−8.126e−001	2.448e+000	−5.278e−001
②	3	−8.126e−001	−2.327e+000	−2.024e−013
③	102	3.299e+001	4.449e+000	−6.056e−012
③	104	3.299e+001	−4.207e+000	−6.056e−012
④	101	2.323e+001	5.036e+000	−3.331e−016
④	5	2.323e+001	−2.689e+000	−5.501e−001
⑤	5	2.416e+001	5.316e+000	−5.501e−001
⑤	6	2.416e+001	−3.076e+000	−4.474e−001

续上表

单元号	节点号	轴力（kN）	剪力（kN）	弯矩（kN·m）
⑥	6	-5.936e+000	1.533e+000	-4.474e-001
⑥	7	-5.936e+000	-1.426e+000	-1.615e-013
⑦	121	-8.126e-001	-5.332e-001	4.705e-014
⑦	4	-8.126e-001	6.536e-001	-1.193e-001
⑧	4	3.108e+001	9.360e-001	-1.193e-001
⑧	8	3.108e+001	1.326e+000	-8.545e-001
⑨	8	3.108e+001	1.326e+000	-8.545e-001
⑨	9	3.108e+001	9.357e-001	-1.182e-001
⑩	9	-8.106e-001	6.512e-001	-1.182e-001
⑩	10	-8.106e-001	-5.313e-001	-6.650e-014
⑪	108	3.090e+001	1.067e-001	-8.432e-011
⑪	110	3.090e+001	1.067e-001	1.485e-010
⑫	122	-5.936e+000	-1.434e+000	6.587e-014
⑫	11	-5.936e+000	1.540e+000	-4.487e-001
⑬	11	2.417e+001	-3.076e+000	-4.487e-001
⑬	12	2.417e+001	5.317e+000	-5.508e-001
⑭	12	2.323e+001	-2.689e+000	-5.508e-001
⑭	120	2.323e+001	5.036e+000	-7.772e-016
⑮	114	3.299e+001	-4.206e+000	-1.225e-010
⑮	116	3.299e+001	4.448e+000	1.104e-010
⑯	123	-8.106e-001	-2.329e+000	1.386e-013
⑯	14	-8.106e-001	2.450e+000	-5.280e-001
⑰	14	3.202e+001	-7.149e+000	-5.280e-001
⑰	13	3.202e+001	9.340e+000	-2.220e-016
⑱	103	-1.606e-001	2.523e-001	1.187e-010
⑱	106	-1.606e-001	-9.588e-002	-1.141e-010
⑲	119	-1.590e-001	-9.422e-002	3.140e-011
⑲	117	-1.590e-001	2.506e-001	-2.681e-011

续上表

单元号	节点号	轴力（kN）	剪力（kN）	弯矩（kN·m）
⑳	107	−1.096e+000	−2.532e+000	−8.333e−013
⑳	105	−1.096e+000	2.617e+000	−8.333e−013
㉑	115	−1.097e+000	2.619e+000	−2.994e−011
㉑	118	−1.097e+000	−2.534e+000	2.827e−011
㉒	109	−7.963e−001	1.436e+000	3.713e−011
㉒	112	−7.963e−001	−1.329e+000	3.713e−011
㉓	113	−7.926e−001	−1.323e+000	9.534e−011
㉓	111	−7.926e−001	1.429e+000	−1.375e−010

恒载各节点位移计算表 表 7-4

节点号	水平位移（m）	竖向位移（m）	转角位移（rad）
1	0.000e+000	0.000e+000	−5.468e−004
2	1.478e−004	−1.228e−003	−1.814e−004
3	1.580e−004	−1.267e−003	−1.946e−004
4	1.582e−004	−1.307e−003	−2.028e−004
5	9.251e−005	−1.279e−003	−1.310e−004
6	2.936e−008	−1.481e−003	5.022e−005
7	1.340e−008	−1.473e−003	4.060e−005
8	1.493e−007	−1.481e−003	9.441e−008
9	−1.579e−004	−1.306e−003	2.034e−004
10	−1.577e−004	−1.266e−003	2.007e−004
11	2.195e−008	−1.481e−003	−4.943e−005
12	−9.229e−005	−1.278e−003	1.309e−004
13	0.000e+000	0.000e+000	5.465e−004
14	−1.475e−004	−1.227e−003	1.812e−004

④人群活载计算

见下面表 7-5 和表 7-6。

人群荷载各节点内力计算表 表7-5

单元号	节点号	轴力（kN）	剪力（kN）	弯矩（kN·m）
①	1	1.455e+001	3.770e+000	-1.110e-016
①	2	1.455e+001	-3.770e+000	-1.536e-001
②	2	8.984e+000	3.102e+000	-1.536e-001
②	3	8.984e+000	-3.102e+000	0.000e+000
③	102	5.511e+000	7.230e-001	-5.821e-011
③	104	5.511e+000	-7.230e-001	5.821e-011
④	101	1.129e+001	2.005e+000	-2.220e-016
④	5	1.129e+001	-2.005e+000	2.336e-001
⑤	5	1.130e+001	1.842e+000	2.336e-001
⑤	6	1.130e+001	-1.842e+000	-1.665e-001
⑥	6	5.682e+000	1.925e+000	-1.665e-001
⑥	7	5.682e+000	-1.925e+000	1.137e-013
⑦	121	8.984e+000	-7.480e-001	5.684e-014
⑦	4	8.984e+000	7.480e-001	-1.504e-001
⑧	4	1.454e+001	8.333e-002	-1.504e-001
⑧	8	1.454e+001	-8.333e-002	1.641e-001
⑨	8	1.454e+001	-8.319e-002	1.641e-001
⑨	9	1.454e+001	8.319e-002	-1.498e-001
⑩	9	8.987e+000	7.491e-001	-1.498e-001
⑩	10	8.987e+000	-7.491e-001	0.000e+000
⑪	108	5.566e+000	0.000e+000	0.000e+000
⑪	110	5.566e+000	0.000e+000	0.000e+000
⑫	122	5.682e+000	-1.925e+000	0.000e+000
⑫	11	5.682e+000	1.925e+000	-1.665e-001
⑬	11	1.130e+001	-1.842e+000	-1.665e-001
⑬	12	1.130e+001	1.842e+000	2.334e-001
⑭	12	1.129e+001	-2.006e+000	2.334e-001
⑭	120	1.129e+001	2.006e+000	-1.110e-016

续上表

单元号	节点号	轴力（kN）	剪力（kN）	弯矩（kN · m）
⑮	114	5.507e+000	-7.225e-001	-5.821e-011
⑮	116	5.507e+000	7.225e-001	5.821e-011
⑯	123	8.987e+000	-3.101e+000	1.137e-013
⑯	14	8.987e+000	3.101e+000	-1.532e-001
⑰	14	1.454e+001	-3.769e+000	-1.532e-001
⑰	13	1.454e+001	3.769e+000	0.000e+000
⑱	103	5.110e-002	-5.540e-002	-2.910e-011
⑱	106	5.110e-002	5.540e-002	2.910e-011
⑲	119	4.992e-002	5.412e-002	2.910e-011
⑲	117	4.992e-002	-5.412e-002	-2.910e-011
⑳	107	4.610e-002	1.083e-001	1.455e-011
⑳	105	4.610e-002	-1.083e-001	-2.910e-011
㉑	115	4.675e-002	-1.098e-001	-1.455e-011
㉑	118	4.675e-002	1.098e-001	1.455e-011
㉒	109	4.791e-002	-8.318e-002	0.000e+000
㉒	112	4.791e-002	8.318e-002	0.000e+000
㉓	113	4.801e-002	8.334e-002	5.821e-011
㉓	111	4.801e-002	-8.334e-002	-5.821e-011

人群荷载各节点位移计算表 表 7-6

节点号	水平位移（m）	竖向位移（m）	转角位移（rad）
1	0.000e+000	0.000e+000	-1.256e-004
2	6.851e-005	-5.633e-004	-1.951e-004
3	7.639e-005	-6.041e-004	-1.990e-004
4	7.396e-005	-6.049e-004	-6.239e-006
5	3.938e-005	-5.902e-004	-7.389e-005
6	7.391e-009	-7.061e-004	-4.340e-005
7	5.512e-009	-7.145e-004	-4.700e-005

续上表

节点号	水平位移（m）	竖向位移（m）	转角位移（rad）
8	1.884e-008	-7.061e-004	-1.551e-008
9	-7.392e-005	-6.047e-004	6.446e-006
10	-7.634e-005	-6.039e-004	2.857e-006
11	6.056e-009	-7.061e-004	4.348e-005
12	-3.934e-005	-5.900e-004	7.388e-005
13	0.000e+000	0.000e+000	1.256e-004
14	-6.847e-005	-5.631e-004	1.949e-004

7.4.3 简化法电算

算例9：

①节点编号

简化计算时，一个横木只用一根连杆表示，比精确计算减少两根连杆，同时减少两个主节点、两个附加铰节点，全桥共可减少6个横木单元、6个主梁单元和6个主梁节点6个附加铰节点，全桥应有8个主梁节点，5个附加铰节点，11个单元，计算图式如图7-6所示，单元和节点重新编号。实际计算时附加节点号见表7-7。

附加节点号表 表7-7

节点	1	2		3	4	
附加	101	104	103	102	107	106
节点	5	6		7	8	
附加	105	110	109	108	111	

②节点坐标

主梁和横木节点坐标可全部从精确计算移来，只是按新编号列入，无须再计算。

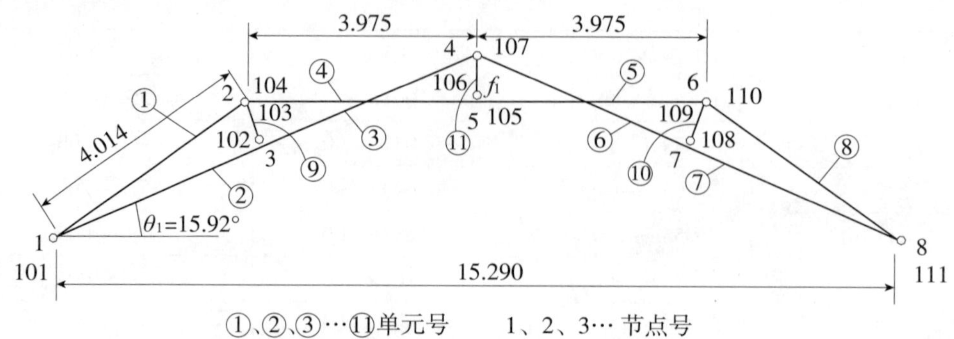

图 7-6　三横木梁架拱有限元计算

③恒载计算

见下面表 7-8 ~ 表 7-10。

恒载各节点内力计算表　　表 7-8

单元号	节点号	轴力（kN）	剪力（kN）	弯矩（kN·m）
①	1	2.912e+001	8.785e+000	-4.441e-016
①	2	2.912e+001	-6.472e+000	4.441e-016
②	101	2.286e+001	4.929e+000	-1.110e-016
②	3	2.286e+001	-2.582e+000	-7.224e-001
③	3	2.241e+001	5.225e+000	-7.224e-001
③	4	2.241e+001	-2.878e+000	3.331e-016
④	104	2.958e+001	9.344e-001	-4.441e-016
④	5	2.958e+001	1.448e+000	-1.020e+000
⑤	5	2.958e+001	1.448e+000	-1.020e+000
⑤	6	2.958e+001	9.340e-001	5.551e-016
⑥	107	2.241e+001	-2.878e+000	1.110e-016
⑥	7	2.241e+001	5.225e+000	-7.231e-001
⑦	7	2.286e+001	-2.582e+000	-7.231e-001
⑦	111	2.286e+001	4.929e+000	-3.331e-016

续上表

单元号	节点号	轴力（kN）	剪力（kN）	弯矩（kN·m）
⑧	110	2.912e+001	-6.472e+000	-2.220e-016
⑧	8	2.912e+001	8.785e+000	-4.441e-016
⑨	103	-4.592e-001	2.678e+000	-1.444e-011
⑨	102	-4.592e-001	-2.643e+000	1.467e-011
⑩	109	-4.593e-001	-2.643e+000	1.103e-011
⑩	108	-4.593e-001	2.678e+000	-7.163e-012
⑪	106	-1.773e-016	2.895e+000	-2.164e-035
⑪	105	-1.773e-016	-2.895e+000	-2.164e-035

恒载各节点位移计算表 表 7-9

节点号	水平位移（m）	竖向位移（m）	转角位移（rad）
1	0.000e+000	0.000e+000	-6.669e-004
2	1.585e-004	-1.243e-003	4.374e-005
3	9.037e-005	-1.255e-003	-1.796e-004
4	5.446e-011	-1.448e-003	2.061e-004
5	9.266e-008	-1.448e-003	2.158e-007
6	-1.583e-004	-1.242e-003	2.653e-004
7	-9.022e-005	-1.254e-003	1.796e-004
8	0.000e+000	0.000e+000	6.667e-004

恒载拱脚反力计算表 表 7-10

拱脚号	水平力	竖向力	弯矩
左拱脚（节点 1、101）	5.198e+001	1.514e+001	0.000e+000
右拱脚（节点 8、110）	-5.198e+001	1.514e+001	0.000e+000

④人群活载计算

见下面表 7-11 ~ 表 7-13。

人群荷载各节点内力计算表　　表 7-11

单元号	节点号	轴力（kN）	剪力（kN）	弯矩（kN·m）
①	1	1.441e+001	3.774e+000	0.000e+000
①	2	1.441e+001	-3.774e+000	2.220e-016
②	101	1.131e+001	2.001e+000	0.000e+000
②	3	1.131e+001	-2.001e+000	2.041e-001
③	3	1.132e+001	1.902e+000	2.041e-001
③	4	1.132e+001	-1.902e+000	0.000e+000
④	104	1.439e+001	2.276e-002	0.000e+000
④	5	1.439e+001	-2.276e-002	9.046e-002
⑤	5	1.439e+001	-2.276e-002	9.046e-002
⑤	6	1.439e+001	2.276e-002	1.110e-016
⑥	107	1.132e+001	-1.902e+000	-1.110e-016
⑥	7	1.132e+001	1.902e+000	2.041e-001
⑦	7	1.131e+001	-2.001e+000	2.041e-001
⑦	111	1.131e+001	2.001e+000	-3.331e-016
⑧	110	1.441e+001	-3.774e+000	-1.110e-016
⑧	8	1.441e+001	3.774e+000	2.220e-016
⑨	103	1.698e-002	-9.839e-002	-1.455e-011
⑨	102	1.698e-002	9.839e-002	1.455e-011
⑩	109	1.698e-002	9.839e-002	-7.276e-012
⑩	108	1.698e-002	-9.839e-002	9.095e-012
⑪	106	2.787e-018	-4.552e-002	0.000e+000
⑪	105	2.787e-018	4.552e-002	0.000e+000

人群荷载各节点位移计算表　　表 7-12

节点号	水平位移（m）	竖向位移（m）	转角位移（rad）
1	0.000e+000	0.000e+000	-1.528e-004
2	7.706e-005	-6.100e-004	-1.528e-004
3	4.371e-005	-6.157e-004	-8.976e-005
4	-8.564e-013	-7.241e-004	7.395e-006

续上表

节点号	水平位移（m）	竖向位移（m）	转角位移（rad）
5	-1.146e-008	-7.241e-004	5.520e-009
6	-7.706e-005	-6.100e-004	4.306e-005
7	-4.371e-005	-6.158e-004	8.976e-005
8	0.000e+000	0.000e+000	1.528e-004

人群荷载拱脚反力计算表 表 7-13

拱 脚 号	水平力（kN）	竖向力（kN）	弯矩（kN·m）
左拱脚（节点 1、101）	2.571e+001	7.705e+000	0.000e+000
右拱脚（节点 8、110）	-2.571e+001	7.705e+000	0.000e+000

7.4.4 两种计算图式比较

现以恒载状况下，精确计算结果 7-3 表与简化计算结果表 7-8 进行对比。由于精确模型多出简化模型那些节点内力不能对比，故以简化模型的各节点为准，注意两个模型单元节点编号未尽相同。由于恒载对称，故内力对称，只列出左半结果，见表 7-14，可以看出：轴力和剪力，简化结果的误差在 10% 以内，而 3、5 节点的弯矩，简化结果误差相对较大，在 25% 以内。因此，简化图式可用于初步设计，重要工程技术设计须用精确图式。

计算模型结果对比表 表 7-14

精确恒载计算					简化恒载计算					精确/简化		
单元号	节点号	轴力 (kN)	剪力 (kN)	弯矩 (kN·m)	单元号	节点号	轴力 (kN)	剪力 (kN)	弯矩 (kN·m)	轴力 (kN)	剪力 (kN)	弯矩 (kN·m)
①	1	32.02	9.341	0	①	1	29.120	8.785	0	1.100	1.063	-
①	2	32.02	-7.150	-0.528	①	2	29.120	-6.472	0	1.100	1.105	-
④	101	23.23	5.036	0	②	101	22.86	4.929	0	1.016	1.022	-
④	5	23.230	-2.689	-0.550	②	3	22.86	-2.582	-0.722	1.016	1.041	0.762

续上表

精确恒载计算					简化恒载计算					精确/简化		
单元号	节点号	轴力(kN)	剪力(kN)	弯矩(kN·m)	单元号	节点号	轴力(kN)	剪力(kN)	弯矩(kN·m)	轴力(kN)	剪力(kN)	弯矩(kN·m)
⑤	5	24.160	5.316	-0.550	③	3	22.41	5.225	-0.722	1.078	1.017	0.762
⑤	6	24.160	-3.076	-0.447	③	4	22.41	-2.878	0	1.078	1.069	-
⑧	4	31.080	9.360	-0.119	④	104	29.58	9.344	0	1.051	1.002	-
⑧	8	31.080	1.326	-0.855	④	5	29.58	1.448	-1.020	1.051	0.916	0.838

7.4.5 应力和位移分析

取简化计算结果进行分析。最大内力跨中5节点，其恒载应力：

$$\sigma=\frac{N}{A}+\frac{M}{W}=\frac{29.58}{0.0887}+\frac{1.020}{0.0037}=609.16\text{kP}=0.609\text{MPa}$$

人群活载应力：

$$\sigma=\frac{N}{A}+\frac{M}{W}=\frac{14.39}{0.0887}+\frac{0.090}{0.0037}=186.56\text{kP}=0.187\text{MPa}$$

荷载组合后：$1.2\times0.609+1.4\times0.187=0.993$MPa，远远小于$[\sigma]=14.5$MPa。

最大剪力发生在拱脚1节点，静载8.785kN，活载3.774kN，远远小于木材的抗剪能力值（$\pm15.4\times0.0887=\pm1286$kN）。

再有，3节点最大恒载水平位移0.090mm，活载最大水平位移0.04mm。5节点恒载最大竖向位移1.448mm，活载竖向位移0.724mm，均在允许范围之内。

由此可以看出：

①三横木梁架拱在人群荷载作用下有很大安全度。

②剪力、挠度均很小可忽略，抗弯强度为控制结构承载能力的关键。

7.5 六横木式梁架拱计算

算例 10：

7.5.1 计算图式和有关数据

续算例5、6，参见前面图5-2，本例按简化图式计算，如图7-7所示。计算活载除人群外，加算汽车荷载公路－Ⅱ级。电算程序和计算梁宽同算例8。木料为东北落叶松长8.25m，计算长度 $l_1=8.25-0.05=8.20$m，短边梁计算长 $l_2=4.147$m。直径 $\phi=30$cm（细头）。横木高 $h=0.30$m，f_{net} 近似取 h 值，实际算得为0.316m。

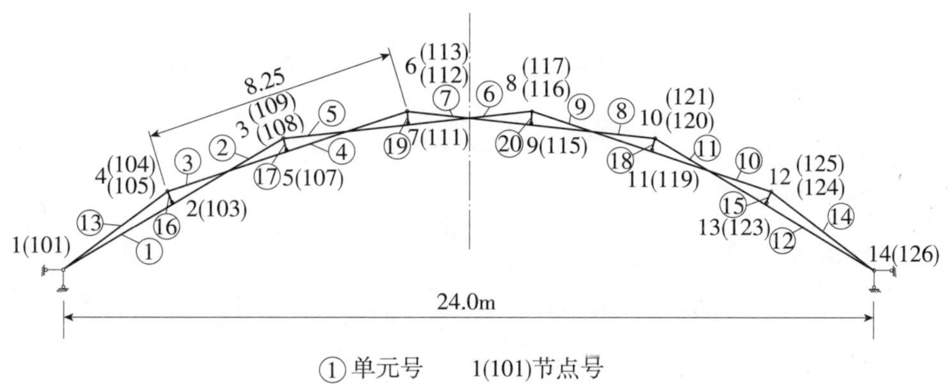

图7-7 六横木梁架拱（虹桥）有限元计算

①基本尺寸

由算例5、6：

梁①与水平线倾角 $\theta_1=43.305°$；

桥梁理论跨径 $L=24.0$m；

端梁⑬与梁①夹角 $\Delta\theta_m=8.661°$；

与水平线夹角 $\theta_m=\theta_1+\Delta\theta_m=51.966°$；

全桥理论矢高（木梁中心线）$f=7.016\text{m}$，小矢高$f_1=0.625\text{m}$。

②荷载（按一片梁架宽0.336m计）

主梁恒载、横木重、人群荷载同三横木式算例8。

汽车荷载，采用公路－Ⅱ级，即按四级路进行折减，集中荷载值为：$P_k=256\times0.75\times0.8=153.6\text{kN}$，均布荷载值为：$q_k=10.5\times0.75\times0.8=6.30\text{kN/m}$。横向取12根纵梁架并排，宽度$B=12\times0.336=4.032\text{m}$，相当于12根纵梁承担一列汽车荷载，故横向分布系数$=\frac{1}{12}\times1.15$（偏载系数）$=0.10$。

节点水平间距按平均$\frac{24}{7}=3.43\text{m}$计，均布荷载值产生的竖向力对中部各节点取：$p=6.30\times\frac{24}{7}\times0.10=2.16\text{kN}$，两端节点取$\frac{P}{2}$。

集中荷载值为：$P_{max}=153.6\times0.10=15.36\text{kN}$。

③单位和符号

同算例8。

7.5.2 算例9的简化法计算

①节点编号

如图9-7所示，把六横木式梁架拱划分成20个单元和14个节点。各主梁节点处的附加节点见表7-15：

附加节点号 表7-15

节点	1		2		3		4		5	
等同	101		103		108	109	104	105	107	
节点	6		7		8		9		10	
等同	112	113	111		116	117	115		120	121
节点	11		12		13		14			
等同	119		124	125	123		126			

②节点坐标

主梁各节点坐标见算例5。由于采用简化图式，横木坐标与相关主梁坐标重合，无须另行计算。

③恒载计算（表7-16～表7-18）。

恒载各节点内力计算表 表7-16

单元号	节点号	轴力（kN）	剪力（kN）	弯矩（kN·m）
①	101	1.106e+001	1.013e+001	-6.661e-016
①	2	1.106e+001	-8.345e+000	-3.535e+000
②	2	8.922e+000	1.049e+001	-3.535e+000
②	3	8.922e+000	-8.698e+000	-2.220e-016
③	105	1.125e+001	5.917e+000	2.331e-015
③	5	1.125e+001	-3.708e+000	-2.462e+000
④	5	9.815e+000	6.557e+000	-2.462e+000
④	6	9.815e+000	-4.349e+000	2.220e-015
⑤	109	1.035e+001	3.124e+000	-3.331e-016
⑤	7	1.035e+001	-6.954e-001	1.353e+000
⑥	7	1.008e+001	2.418e+000	1.353e+000
⑥	8	1.008e+001	1.052e-002	-3.886e-015
⑦	113	1.008e+001	9.606e-003	-2.109e-015
⑦	9	1.008e+001	2.419e+000	1.349e+000
⑧	9	1.035e+001	-6.947e-001	1.349e+000
⑧	10	1.035e+001	3.124e+000	2.998e-015
⑨	117	9.815e+000	-4.352e+000	-3.553e-015
⑨	11	9.815e+000	6.560e+000	-2.479e+000
⑩	11	1.125e+001	-3.706e+000	-2.479e+000
⑩	12	1.125e+001	5.914e+000	-3.442e-015
⑪	121	8.920e+000	-8.702e+000	5.107e-015
⑪	13	8.920e+000	1.049e+001	-3.543e+000
⑫	13	1.106e+001	-8.345e+000	-3.543e+000

续上表

单元号	节点号	轴力（kN）	剪力（kN）	弯矩（kN·m）
⑫	126	1.106e+001	1.013e+001	-2.442e-015
⑬	1	9.107e+000	1.241e+001	-1.332e-015
⑬	4	9.107e+000	-1.087e+001	1.332e-015
⑭	125	9.105e+000	-1.088e+001	1.665e-016
⑭	14	9.105e+000	1.241e+001	6.106e-016
⑮	123	-2.144e+000	-2.145e+000	3.452e-015
⑮	124	-2.144e+000	2.403e+000	-1.076e-014
⑯	104	-2.140e+000	2.398e+000	-2.387e-011
⑯	103	-2.140e+000	-2.141e+000	1.615e-011
⑰	108	-1.432e+000	3.014e+000	-9.893e-011
⑰	107	-1.432e+000	-2.849e+000	7.569e-011
⑱	119	-1.434e+000	-2.855e+000	-4.073e-011
⑱	120	-1.434e+000	3.019e+000	6.114e-011
⑲	112	-2.692e-001	1.780e+000	-4.112e-011
⑲	111	-2.692e-001	-1.723e+000	1.709e-011
⑳	115	-2.695e-001	-1.725e+000	2.536e-012
⑳	116	-2.695e-001	1.782e+000	-1.202e-011

恒载各节点位移计算表 表 7-17

节点号	水平位移（m）	竖向位移（m）	转角位移（rad）
1	0.000e+000	0.000e+000	9.637e-004
2	-3.215e-003	3.296e-003	1.841e-004
3	-1.146e-003	9.944e-004	-1.115e-003
4	-3.729e-003	2.812e-003	1.288e-003
5	-2.577e-003	2.951e-004	-1.148e-003
6	2.775e-004	-5.702e-003	-1.691e-003
7	-1.743e-004	-5.771e-003	-8.216e-004
8	-2.445e-004	-5.683e-003	6.481e-004

续上表

节点号	水平位移（m）	竖向位移（m）	转角位移（rad）
9	2.129e -004	-5.753e -003	8.297e -004
10	1.188e -003	1.041e -003	2.298e -003
11	2.622e -003	3.403e -004	1.149e -003
12	3.765e -003	2.840e -003	5.975e -004
13	3.245e -003	3.327e -003	-1.917e -004
14	0.000e +000	0.000e +000	-9.750e -004

恒载支承反力汇总表 表 7-18

拱 脚 号	水平力（kN）	竖向力（kN）	弯矩（kN·m）
左拱脚（节点 1、101）	2.017e +001	2.382e +001	0.000e +000
右拱脚（节点 14、126）	-2.017e +001	2.382e +001	0.000e +000

④人群活载计算（表 7-19 ~ 表 7-21）。

人群活载各节点内力计算表 表 7-19

单元号	节点号	轴力（kN）	剪力（kN）	弯矩（kN·m）
①	101	4.902e +000	4.347e +000	0.000e +000
①	2	4.902e +000	-4.347e +000	-8.137e -001
②	2	4.630e +000	4.636e +000	-8.137e -001
②	3	4.630e +000	-4.636e +000	-1.110e -016
③	105	4.992e +000	2.284e +000	-1.110e -016
③	5	4.992e +000	-2.284e +000	-5.475e -001
④	5	4.874e +000	2.525e +000	-5.475e -001
④	6	4.874e +000	-2.525e +000	8.882e -016
⑤	109	4.748e +000	9.347e -001	8.882e -016
⑤	7	4.748e +000	-9.347e -001	8.590e -001
⑥	7	4.811e +000	5.217e -001	8.590e -001
⑥	8	4.811e +000	-5.217e -001	-8.882e -016
⑦	113	4.811e +000	-5.221e -001	-8.882e -016

续上表

单元号	节点号	轴力（kN）	剪力（kN）	弯矩（kN·m）
⑦	9	4.811e+000	5.221e-001	8.569e-001
⑧	9	4.747e+000	-9.341e-001	8.569e-001
⑧	10	4.747e+000	9.341e-001	5.551e-016
⑨	117	4.875e+000	-2.526e+000	1.110e-015
⑨	11	4.875e+000	2.526e+000	-5.547e-001
⑩	11	4.993e+000	-2.283e+000	-5.547e-001
⑩	12	4.993e+000	2.283e+000	-4.441e-016
⑪	121	4.629e+000	-4.637e+000	4.441e-016
⑪	13	4.629e+000	4.637e+000	-8.175e-001
⑫	13	4.903e+000	-4.346e+000	-8.175e-001
⑫	126	4.903e+000	4.346e+000	-4.441e-016
⑬	1	4.720e+000	6.033e+000	-4.441e-016
⑬	4	4.720e+000	-6.033e+000	2.220e-016
⑭	125	4.719e+000	-6.034e+000	-1.110e-016
⑭	14	4.719e+000	6.034e+000	4.441e-016
⑮	123	-2.743e-001	-2.909e-001	2.132e-014
⑮	124	-2.743e-001	2.909e-001	-2.132e-014
⑯	104	-2.723e-001	2.888e-001	-8.185e-012
⑯	103	-2.723e-001	-2.888e-001	8.185e-012
⑰	108	-1.178e-001	2.411e-001	1.455e-011
⑰	107	-1.178e-001	-2.411e-001	-2.910e-011
⑱	119	-1.188e-001	-2.432e-001	-7.276e-012
⑱	120	-1.188e-001	2.432e-001	1.455e-011
⑲	112	6.349e-002	-4.130e-001	-7.276e-012
⑲	111	6.349e-002	4.130e-001	7.276e-012
⑳	115	6.334e-002	4.120e-001	3.638e-012
⑳	116	6.334e-002	-4.120e-001	-7.276e-012

人群活载各节点位移计算表　　表 7-20

节点号	水平位移（m）	竖向位移（m）	转角位移（rad）
1	0.000e+000	0.000e+000	3.303e-004
2	-9.508e-004	9.562e-004	6.240e-005
3	-4.036e-004	3.228e-004	-3.372e-004
4	-1.105e-003	8.105e-004	3.303e-004
5	-8.058e-004	1.264e-004	-3.613e-004
6	1.376e-004	-1.878e-003	-6.300e-004
7	-9.028e-005	-1.913e-003	-2.695e-004
8	-1.239e-004	-1.869e-003	1.523e-004
9	1.064e-004	-1.905e-003	2.729e-004
10	4.215e-004	3.420e-004	6.936e-004
11	8.242e-004	1.452e-004	3.615e-004
12	1.120e-003	8.217e-004	8.920e-005
13	9.632e-004	9.694e-004	-6.556e-005
14	0.000e+000	0.000e+000	-3.348e-004

人群活载支承反力汇总表　　表 7-21

拱脚号	水平力（kN）	竖向力（kN）	弯矩（kN·m）
左拱脚（节点 1、101）	9.622e+000	1.211e+001	0.000e+000
右拱脚（节点 14、126）	-9.622e+000	1.211e+001	0.000e+000

⑤恒载+人群活载分析

ⓐ位移

两端铰接，水平位移均等于 0。恒载水平位移最大发生在短边梁顶端的 4、12 节点，其值为 3.765mm；活载亦然，其值为 -1.120mm，数值很小，完全在允许范围之内。

恒载竖向位移最大发生在桥梁跨中，7、9 节点，两点对称，其值为 -5.771mm；活载亦然，其值为 -1.913mm。满足允许挠度$\frac{L}{250}=96$mm，

即使 L 不按主跨径而只按单梁长 8.20m 计亦为 32.8mm。

ⓑ剪力

计算剪力值，恒载剪力最大发生在 2、13 节点，两点对称，其值为 10.49kN；活载剪力亦然，其值为 4.636kN，皆远小于允许值。

ⓒ弯曲应力

恒载弯矩最大发生在 2、13 节点，两点对称，其值为 3.543kN · m；而活载弯矩最大发生在桥梁跨中附近 7、9 节点，两点对称，其值为 0.859kN · m。对 7、9 节点和 2、13 节点分别验算弯曲应力。按照《公路桥涵钢结构及木结构设计规范》（JTJ 025—86），容许应力 $[\sigma]=14.5\text{MPa}$。

2、13 节点，恒载弯矩 3.543kN · m，轴力 11.06kN；活载弯矩 −0.814 kN · m，轴力 4.902kN。

则：恒载应力 $\sigma=\frac{N}{A}+\frac{M}{W}=\frac{11.06}{0.0887}+\frac{3.543}{0.0037}\approx 1080\text{kPa}=1.08\text{MPa}$。

活载应力 $\sigma=\frac{N}{A}+\frac{M}{W}=\frac{4.902}{0.0887}-\frac{0.814}{0.0037}\approx -165\text{kPa}=-0.165\text{MPa}$。

组合后：$1.2\times1.08-0.9\times0.165=1.150\text{MPa}\ll[\sigma]=14.5\text{MPa}$。

7（9）节点恒载弯矩 1.353kN · m，轴力 10.35kN；活载弯矩 0.859kN · m，轴力 4.811kN。

则：恒载应力 $\sigma=\frac{N}{A}+\frac{M}{W}=\frac{10.35}{0.0887}+\frac{1.353}{0.0037}\approx 482\text{kPa}=0.482\text{MPa}$。

活载应力 $\sigma=\frac{N}{A}+\frac{M}{W}=\frac{4.811}{0.0887}+\frac{0.859}{0.0037}\approx 286\text{kPa}=0.286\text{MPa}$。

组合后：$1.2\times0.482+1.4\times0.286=0.979\text{MPa}\ll[\sigma]=14.5\text{MPa}$。

由此可见，6 横木梁架拱承受人群荷载的安全度很大。

⑥汽车荷载（公路 - Ⅱ级）

ⓐ车道活载的均布荷载（表7-22～表7-24）。

车道活载的均布荷载各节点内力计算表　　表7-22

单元号	节点号	轴力（kN）	剪力（kN）	弯矩（kN·m）
①	101	3.060e+000	2.714e+000	0.000e+000
①	2	3.060e+000	-2.714e+000	-5.080e-001
②	2	2.890e+000	2.894e+000	-5.080e-001
②	3	2.890e+000	-2.894e+000	2.776e-016
③	105	3.116e+000	1.426e+000	-1.110e-016
③	5	3.116e+000	-1.426e+000	-3.418e-001
④	5	3.043e+000	1.576e+000	-3.418e-001
④	6	3.043e+000	-1.576e+000	2.220e-016
⑤	109	2.964e+000	5.835e-001	1.332e-015
⑤	7	2.964e+000	-5.835e-001	5.362e-001
⑥	7	3.004e+000	3.257e-001	5.362e-001
⑥	8	3.004e+000	-3.257e-001	-4.441e-016
⑦	113	3.003e+000	-3.259e-001	2.220e-016
⑦	9	3.003e+000	3.259e-001	5.349e-001
⑧	9	2.964e+000	-5.832e-001	5.349e-001
⑧	10	2.964e+000	5.832e-001	4.996e-016
⑨	117	3.043e+000	-1.577e+000	-1.277e-015
⑨	11	3.043e+000	1.577e+000	-3.463e-001
⑩	11	3.117e+000	-1.425e+000	-3.463e-001
⑩	12	3.117e+000	1.425e+000	-2.220e-016
⑪	121	2.890e+000	-2.895e+000	0.000e+000
⑪	13	2.890e+000	2.895e+000	-5.103e-001
⑫	13	3.061e+000	-2.713e+000	-5.103e-001
⑫	126	3.061e+000	2.713e+000	-2.220e-016
⑬	1	2.946e+000	3.766e+000	0.000e+000
⑬	4	2.946e+000	-3.766e+000	0.000e+000
⑭	125	2.946e+000	-3.767e+000	-1.665e-016
⑭	14	2.946e+000	3.767e+000	3.331e-016

续上表

单元号	节点号	轴力（kN）	剪力（kN）	弯矩（kN·m）
⑮	123	-1.712e-001	-1.816e-001	5.329e-015
⑮	124	-1.712e-001	1.816e-001	-5.329e-015
⑯	104	-1.700e-001	1.803e-001	1.910e-011
⑯	103	-1.700e-001	-1.803e-001	-1.910e-011
⑰	108	-7.351e-002	1.505e-001	0.000e+000
⑰	107	-7.351e-002	-1.505e-001	-7.276e-012
⑱	119	-7.415e-002	-1.518e-001	-3.638e-012
⑱	120	-7.415e-002	1.518e-001	7.276e-012
⑲	112	3.964e-002	-2.578e-001	-1.455e-011
⑲	111	3.964e-002	2.578e-001	1.455e-011
⑳	115	3.954e-002	2.572e-001	3.638e-012
⑳	116	3.954e-002	-2.572e-001	-1.819e-012

车道活载的均布荷载各节点位移计算表 表7-23

节点号	水平位移（m）	竖向位移（m）	转角位移（rad）
1	0.000e+000	0.000e+000	2.062e-004
2	-5.936e-004	5.970e-004	3.896e-005
3	-2.520e-004	2.015e-004	-2.105e-004
4	-6.901e-004	5.060e-004	2.062e-004
5	-5.030e-004	7.888e-005	-2.255e-004
6	8.588e-005	-1.172e-003	-3.933e-004
7	-5.636e-005	-1.194e-003	-1.682e-004
8	-7.736e-005	-1.167e-003	9.509e-005
9	6.645e-005	-1.189e-003	1.703e-004
10	2.631e-004	2.135e-004	4.330e-004
11	5.146e-004	9.067e-005	2.257e-004
12	6.993e-004	5.130e-004	5.569e-005
13	6.013e-004	6.051e-004	-4.092e-005
14	0.000e+000	0.000e+000	-2.090e-004

车道活载的均布荷载支承反力汇总表　　表 7-24

拱　脚　号	水平力（kN）	竖向力（kN）	弯矩（kN·m）
左拱脚（节点 1、101）	6.007e+000	7.560e+000	0.000e+000
右拱脚（节点 14、126）	-6.007e+000	7.560e+000	0.000e+000

ⓑ车道活载的集中荷载 P_{max} 作用在拱顶节点 6 的情况（表 7-25～表 7-27）。

车道活载的集中荷载各节点内力计算表　　表 7-25

单元号	节点号	轴力（kN）	剪力（kN）	弯矩（kN·m）
①	101	3.035e+000	-5.536e-002	-1.332e-014
①	2	3.035e+000	5.536e-002	-8.699e+000
②	2	1.239e-001	3.032e+000	-8.699e+000
②	3	1.239e-001	-3.032e+000	-7.105e-015
③	105	1.002e+001	5.999e+000	-7.105e-015
③	5	1.002e+001	-5.999e+000	4.116e+000
④	5	1.090e+001	4.196e+000	4.116e+000
④	6	1.090e+001	-4.196e+000	0.000e+000
⑤	109	-7.564e-001	4.834e+000	-2.132e-014
⑤	7	-7.564e-001	-4.834e+000	2.006e+001
⑥	7	7.305e-001	-4.838e+000	2.006e+001
⑥	8	7.305e-001	4.838e+000	-2.487e-014
⑦	113	9.413e+000	-1.531e+000	8.438e-015
⑦	9	9.413e+000	1.531e+000	-3.889e-001
⑧	9	9.442e+000	-1.341e+000	-3.889e-001
⑧	10	9.442e+000	1.341e+000	2.132e-014
⑨	117	7.013e-001	-5.028e+000	-4.263e-014
⑨	11	7.013e-001	5.028e+000	-1.727e+001
⑩	11	4.399e+000	2.542e+000	-1.727e+001
⑩	12	4.399e+000	-2.542e+000	-2.842e-014

续上表

单元号	节点号	轴力（kN）	剪力（kN）	弯矩（kN·m）
⑪	121	5.745e+000	-8.911e+000	-7.105e-015
⑪	13	5.745e+000	8.911e+000	-1.043e+001
⑫	13	9.236e+000	-5.209e+000	-1.043e+001
⑫	126	9.236e+000	5.209e+000	-7.105e-015
⑬	1	7.109e+000	9.086e+000	8.882e-016
⑬	4	7.109e+000	-9.086e+000	-8.882e-016
⑭	125	9.075e-001	-1.160e+000	-1.421e-014
⑭	14	9.075e-001	1.160e+000	1.421e-014
⑮	123	-3.491e+000	-3.703e+000	5.684e-014
⑮	124	-3.491e+000	3.703e+000	-5.684e-014
⑯	104	-2.911e+000	3.087e+000	-8.413e-012
⑯	103	-2.911e+000	-3.087e+000	8.413e-012
⑰	108	8.803e-001	-1.802e+000	8.731e-011
⑰	107	8.803e-001	1.802e+000	-8.731e-011
⑱	119	-3.697e+000	-7.570e+000	-1.397e-009
⑱	120	-3.697e+000	7.570e+000	1.397e-009
⑲	112	1.487e+000	-9.672e+000	-4.657e-010
⑲	111	1.487e+000	9.672e+000	4.657e-010
⑳	115	-2.918e-002	-1.898e-001	-9.313e-010
⑳	116	-2.918e-002	1.898e-001	9.313e-010

车道活载的集中荷载各节点位移计算表 表7-26

节点号	水平位移（m）	竖向位移（m）	转角位移（rad）
1	0.000e+000	0.000e+000	-8.447e-004
2	2.374e-003	-2.536e-003	-3.695e-003
3	2.076e-002	-2.207e-002	-7.967e-003
4	2.720e-003	-2.210e-003	-8.447e-004
5	1.395e-002	-2.540e-002	-4.936e-003
6	2.033e-002	-3.865e-002	-2.915e-003

续上表

节点号	水平位移（m）	竖向位移（m）	转角位移（rad）
7	2. 322e－002	－3. 820e－002	2. 585e－003
8	1. 756e－002	－1. 111e－003	1. 243e－002
9	2. 581e－002	－2. 378e－003	8. 819e－003
10	3. 112e－002	3. 286e－002	8. 628e－003
11	3. 353e－002	3. 168e－002	3. 245e－003
12	2. 919e－002	2. 282e－002	－5. 233e－003
13	2. 516e－002	2. 662e－002	－5. 519e－003
14	0. 000e＋000	0. 000e＋000	－8. 934e－003

车道活载的集中荷载支承反力表 表 7-27

拱 脚 号	水平力（kN）	竖向力（kN）	弯矩（kN·m）
左拱脚（节点 1、101）	1. 014e＋001	9. 031e＋000	0. 000e＋000
右拱脚（节点 14、126）	－1. 014e＋001	6. 369e＋000	0. 000e＋000

车道荷载为均布荷载 q_k 和集中荷载 P_k 的计算值之和。

汽车活载应力最大发生在 7 节点：弯矩 0. 536＋20. 06＝20. 596kN·m，轴力 3. 004＋0. 731－3. 735kN。

恒载应力同前σ＝0. 482MPa。

活载应力 $\sigma=\dfrac{N}{A}+\dfrac{M}{W}=\dfrac{3.735}{0.0887}+\dfrac{20.596}{0.0037}=5609\text{KPa}=5.609\text{MPa}$。

组合后：$1.2\times0.482+1.4\times5.609=8.431\text{MPa}<[\sigma]=14.5\text{MPa}$。

ⓒ车道活载的集中荷载 P_{max} 作用在节点 3 的情况

各计算表与（2）相似，下面仅列出计算结果。

活载应力最大发生在 5 节点：弯矩 －0. 342＋26. 30＝25. 958kN·m，轴力 3. 116－2. 616＝0. 500kN。

恒载应力前面表 7-15：

$$\sigma=\frac{N}{A}+\frac{M}{W}=\frac{11.250}{0.0887}-\frac{2.462}{0.0037}=539\mathrm{KPa}=-0.539\mathrm{MPa}$$

活载应力 $\sigma=\frac{N}{A}+\frac{M}{W}=\frac{0.500}{0.0887}+\frac{25.958}{0.0037}=7021\mathrm{KPa}=7.021\mathrm{MPa}$。

组合后：$-1.2\times0.539+1.4\times7.021=10.476\mathrm{MPa}<[\sigma]=14.5\mathrm{MPa}$。

ⓓ车道活载的集中荷载 P_{max} 作用在节点 4 的情况

同上，下面仅列出计算结果。

活载应力最大发生在 2 节点：弯矩 $-0.508+20.51=20.002\mathrm{kN\cdot m}$，轴力 $3.06-6.632=-3.572\mathrm{kN}$。

恒载应力前面表 7-15：

$$\sigma=\frac{N}{A}+\frac{M}{W}=\frac{11.06}{0.0887}-\frac{3.535}{0.0037}=831\mathrm{kPa}=-0.831\mathrm{MPa}$$

活载应力 $\sigma=\frac{N}{A}+\frac{M}{W}=-\frac{3.572}{0.0887}+\frac{20.02}{0.0037}=5371\mathrm{kPa}=5.371\mathrm{MPa}$。

组合后：$-1.2\times0.931+1.4\times5.371=6.402\mathrm{MPa}<[\sigma]=14500\mathrm{kPa}=14.5\mathrm{MPa}$。

ⓔ汽车活载结论

由上可见，汽车集中荷载 P_{max} 分别作用在节点 6、3、4 时，其应力均小于允许应力，可见，汴河虹桥的承载能力满足《公路钢筋混凝土及预应力混凝土桥涵设计规范》JTG D62—2004 的要求，可以承受公路－Ⅱ级的汽车荷载。

7.6 极限人群均布荷载

算例 11：

按一般习惯，对复杂结构常用某种均布荷载（如恒载、人群等）的倍数来近似显示结构的极限承载能力。经初步试算，本桥极限承载能力可达人群活载的33倍，计算如下：

取33倍人群活载 $q=3.0\times33=99\text{kN/m}^2$

各计算表同7.5.2节4，人群荷载，从略，下面列出应力计算结果。

活载应力最大发生在7节点：弯矩29.05kN·m，轴力162.70kN。

活载应力 $\sigma=\dfrac{N}{A}+\dfrac{M}{W}=\dfrac{162.70}{0.0887}+\dfrac{29.05}{0.0037}=9686\text{kPa}=9.686\text{MPa}$。

恒荷载应力同前，$\sigma=0.482\text{MPa}$。

组合后：$1.2\times0.482+1.4\times9.686=14139\text{kPa}=14.139\text{MPa}\leqslant[\sigma]=14.5\text{MPa}$。

活载竖向位移最大发生在跨中：7节点（-64.68mm）、9节点（-64.61mm）。

均小于规范规定的允许挠度 $\delta=\dfrac{24}{250}\times1000=96\text{mm}$。

最大剪力发生在2、13节点（156.80kN）。

$\tau=\dfrac{156.8}{0.0887}=1767\text{kPa}=1.767\text{MPa}<[\tau]=2.3\text{MPa}$。

各构件轴力相对均匀，最大值发生在4单元为168.8kN，应力 $\sigma=\dfrac{168.8}{0.0887}=1.9\text{MPa}\ll[\sigma]=14.5\text{MPa}$。

可见，近似估算，汴河虹桥的极限承载能力可以达到一般人群荷载 3.0kN/m^2 的33倍。

8 国宝《清明上河图》传奇经历补遗

——从北京清宫流入民间到如何再回归北京故宫博物院

1950 年国宝《清明上河图》在辽宁“伪满皇宫佚失文物”中发现，证明其是真迹的主要根据就是图上保有从金到清的收藏者 13 人的 14 段题跋，由此可以查明此画历经宋代之后金、元、明、清四个朝代，五次入而又出皇宫的传奇历史。但从清宫如何转入伪满皇宫，又如何回到人民手中的？这段经历则鲜为人知。本文按照手中收集到的资料介绍这幅名画的最后这段传奇历史。

8.1 概述

张择端是宋徽宗年间（1101 年—1125 年）的宫廷画师，徽宗是中国历史上最酷爱而自己也十分擅长书画的一位皇帝，《清明上河图》画成后即收入宫中。约 2 年，1127 年，靖康之变，金兵入侵汴梁，徽、钦二帝被俘，画也流落至金朝民间。自是历金、元、明、清四朝八百年间，连宋在内五次入宫，又五次流入民间。

由于这幅画的名气很大，称为“中华第一神品”、“无价之宝”，历代模仿绘制的赝品很多。尤以明朝中叶，吴门画派崛起于苏州，仿造古人和同时代名人书画盛行一时。《清明上河图》也多有仿造，这些作品统称为“苏州片”，其中“吴门四家”之一的仇英仿制的《清明上河图》最为有名。中国历史上酷爱书画的另一个皇帝、满清的乾隆，并没有看到这幅画，但十分景仰这幅画。他一登基，乾隆元年，

1736 年 12 月 15 日，就命宫廷画师陈枚、孙祐、金昆、戴洪、程志道五人合力为他仿画一幅《清明上河图》。这幅画后藏于台湾的故宫博物院，称为清院本。1999 年台湾友人刘子华先生曾赠我一份印刷品，上有五人“奉敕恭画”的题名，幅前有乾隆御题“绘苑璚瑶”四字，后面还有五言八句律诗：

“罗锦装金壁，吴工聚碎金。讴歌万井富，城阙九重浓。

盛事谏观止，遗踪借探寻。当时誇豫大，此日叹徽钦。

乾隆壬戌春三月御题

臣梁诗正敬书”

这位金族当时的皇帝倒慨叹其祖先金军侵灭北宋的不义之战了。所有这些仿制的画，包括苏州片，画家似都未亲见《清明上河图》的真迹，只是根据民间和文艺界的传闻，以及描写北宋汴都景象风俗的《京都梦华录》书中所述来绘制，当然不符原作。最主要的证据就是这些画包括仇英的画里的虹桥都是砖石砌的，而非木制的（图 8-1 ~ 图 8-3）。此外，仿品虽然画工精致，布局堂皇，堪称上品，但大多是“讴歌万井富”，宣扬皇恩浩荡，描画百姓幸福繁荣的媚上之作，其中尤以著名的仿品《姑苏繁华图》为甚，其格调的低下，与后来发现的张择端真迹相比，就不可同日而语了。据了解，目前国内外所藏《清明上河图》有 30 多幅，其中我国内地 10 多幅，台湾故宫博物院 6 幅，美国大都会博物馆等 5 幅，法国、英国和日本也有（据 2004 年 11 辽宁日报陈凤军文），而真迹却是在 1950 年原东北博物馆（现辽宁博物馆）在清理伪满宫廷佚失文物时由文物专家杨仁凯发现的。之后就一直在沈阳展出，直至 1955 年上调到北京故宫博物院。2004 年辽宁博物馆新馆建成，又曾请回沈阳展览。每次展出期间，尤其新馆建成时那次，辽、沈报纸大量刊出其传奇经历。一些记者的专访，对光复后伪满皇宫书画文物包括《清明上河图》等流落民间后的搜寻探索情况报道尤详。2008 年 1 月杨仁凯先生逝世时，辽宁举行了隆重的吊唁活动，报刊上大量刊登了他在书画文物鉴定方面的学术成就和功绩，尤其建国初期追索清宫佚失文物和发现《清明上河图》的过程十分详尽。我曾剪存了当时的有关资料，根据这些资料，我认为《清明上河图》如何由伪满皇宫流落，而后又回归到辽宁和北京故宫博物院的这段经历基本上是清楚了。我对书画文物并无研究，只不过是因研究《清明上河图》上描绘的虹桥而收集购买了不少这方面的图书资料，也算是“爱乌及屋”吧。

图 8-1　宋　张择端《清明上河图》上的虹桥

由于近日看到北京文物出版社 2009 年出版的《解读国宝丛书张择端 <清明上河图>》一书中提到：“1946 年长春解放后，在经过一段不为人知的转手与追讨后，当地干部寻找到《清明上河图》，而后，才又进入博物馆”。看来 2004 年辽宁和沈阳报纸所发表的那些故事就连专门研究《清明上河图》的专家都还不知道，因此特此整理出来，供大家参考。

图 8-2 明 仇英《清明上河图》上的虹桥

图 8-3 清 乾隆院本《清明上河图》上的虹桥

8.2 宝画入清宫后又转入伪满皇宫

《清明上河图》进入清宫是在乾隆死后嘉靖四年（1799 年）惩办大贪官和珅时牵连到毕沅（乾隆状元，曾任湖广总督，巴结和珅），藉没其家产时才收缴到的。

1911 年辛亥革命，民国成立，满清倒台，最后一个小皇帝 6 岁的溥仪退位。根据“清室退位优待条件”规定，不废帝号，仍居住在紫禁城里，享受皇帝待遇，有妃嫔，臣工和侍从，礼仪依旧。1917 年 7 月 1 日，北洋军张勋率军 3 千入京，恭奉溥仪复辟，再当皇帝，遭到全国反对，12 天后，再次宣布退位。一场闹剧，瞬间收场。1922 年起溥仪以“出国留学，筹备经费”为由，将皇宫珍藏书卷字画以赏赐的名义交其两位弟弟，趁每天上午“进宫”陪其读书的机会，下午下学时藏在包袱里偷运出紫禁城。历时 2 年多，前后盗出稀世文物字画手卷 1000 多件，挂轴、册页 200 多种，宋版古书 200 多种，其中便有《清明上河图》。装了七八十口大箱，运到他父亲醇亲王在天津英租界十三号路代他买的一所楼房里保存。1924 年 11 月 5 日国民军冯玉祥部鹿钟麟任北京卫戍司令，带队将溥仪逐出皇宫。溥仪逃至其父醇亲王府，29 日逃入日本兵营，住入日本公使馆要求“避难”。1925 年 2 月 25 日，在日本警察护卫下溥仪潜逃到天津，住进日本租界内张彪私宅张园。后在日本特务土肥原贤二阴谋策划下，1931 年 9 · 18 事变后，阴历十月初一，溥仪乔装成日本军人由大沽口登日本商船“淡路丸”潜逃至营口，经汤岗子往旅顺口，进入东北地区。1932 年 4 月进入长春，当上了伪满洲国皇帝。1934 年，日本关东军司令部将存放于天津的珠宝玉翠、书画文物等约 70 箱（从紫禁城盗出的宝物已在天津居住期间卖去一些）运到长春伪皇宫。书画存放于东院图书楼下东间，即“小白楼”，古玩珠宝的金库则存放于“内廷”缉熙楼客厅。

8.3 伪满倒台，宝画的流失和回归

1945年抗战胜利前夕，8月10日，日本关东军司令小田乙三宣布伪满国都由长春迁到通化。8月13日，溥仪从长春逃到通化大栗子沟，事前他已选择最珍贵的大批晋、唐、宋、元书法名画，扔掉楠木盒、花绫包皮等，尽量塞入大木箱内连同珠宝玉翠随身带走。8月17日溥仪乘一小型飞机企图逃往日本，途经沈阳机场时被苏联红军和中国民主联军俘获，所带文物珠宝上缴东北人民银行保存。

溥仪所带走的书画文物只是伪满皇宫中所保存的一小部分，还有一大部分未能带走。伪皇宫原由日本关东军守卫，光复前后改由伪满军队守卫。溥仪仓皇出走后，一个叫金香慧的警卫兵班长有一天从小白楼的窗户往里一看，发现里边堆着一个个木箱子。他偷偷跑进去打开来看，看见装满了古代书画卷轴，粗估会有一千来件。他曾在学校当过老师，懂得这些东西很值钱，于是就动了偷的念头，拿了很多。这一来，大家都跑去哄抢（见后），接着一位禁卫兵连长也带兵前去“搜宫”，军官抢细软，小兵们轮不上。一名叫韩世荣的小兵到小白楼，见满地都是散乱的书画，也胡乱抢了七八卷画轴，找块黄布包好，带回兵营。他生怕东西被人抢走，第二天就送到在离伪皇宫不远的王道书院教书的内蒙索伦同乡，二叔孟庆文处。

孟庆文看这些书画都有象牙别子，画轴都是玉石的，从未见过，就小心地一轴一轴地展开。只见画上多有皇帝题字，还盖有御印，有《长江万里图》、《楚辞九歌图》、《烟江叠嶂图》、《玉松图》和《仇英观鹅图》。孟庆文看呆了，就问韩世荣还有没有别的画。第二天，韩世荣又带来两轴画，其中一轴是长卷，孟庆文缓缓展开一看，不由得大

吃一惊：《清明上河图》!

不久，禁卫军解散，韩世荣回内蒙，就把字画送给了二叔孟庆文。一个月后，孟庆文因久居异地，思乡心切，乘坐苏联红军的火车回家了。行前，他把这批书画放进一个大柳条包里，上面压了不少古典文学的书，交给曾是同窗的那玉田托管，又过了一个月，他从内蒙索伦回到长春。当时王道书院住进了民主联军，那玉田搬出了王道书院。孟庆文找到那玉田，那玉田说柳条包转交给了教书的王世谊保管。辗转找到王世谊家，王世谊不在，其妻说东西转寄一个李姓朋友家了。他们又到了李家，孟庆文打开柳条包一看，别的东西都在，只是那些书画不翼而飞了。

1946 年，孟庆文在吉林长春大学毕业。1948 年，又读东北大学。1950 年 3 月毕业，到了锦州，后到沈阳师范学院任教，再往后到了辽大。韩世荣于 20 世纪 50 年代到沈阳看望过二叔孟庆文，二人谈起字画在兵荒马乱中的失踪感慨不已。

“文革”爆发，调查组到长春调查孟庆文的历史情况。有一个在长春一中工作过的李同志告诉调查人员，孟庆文曾收藏过一批国家级书画。调查组一直找到尚在长春某校教书的王世谊，已被“专政”的王说这批书画丢了。“军宣队”报告了上级，上级派了一个排的战士包围了王家，从米缸里和烟囱通道中搜出了十轴书画。调查组回校，时为中文系副主任的孟庆文被定为“顽固不化的走资派”而专政三年。

20 世纪 80 年代，落实知识分子政策，学校派人到长春找到搜查书画的原部队有关人员，得知那批书画收藏在吉林省博物馆，而王世谊的子女正在索要。孟庆文终于见到了王世谊，说：“过去的事不讲了，你保存国宝十多年，也很不易，我们把它奉献给国家吧!”王世谊告诉孟庆文，当年那位李姓朋友是大连人，他拿走了两幅画，其中一幅画满了车马人物，后来李到沈阳，把那画卖了，听说换了个小楼。孟庆文在吉林省博物馆看到了自己收藏过的那些字画，只是没有了《清明上河图》。博物馆归还了孟庆文三幅自藏的轴画，奖励他1000元钱。

2004年11月19日，孟庆文教授到辽宁省博物馆新馆参观，看到自己60年前短暂收藏过的《清明上河图》，不禁感慨万千。（以上摘自2004年11月沈阳日报，大辉文）。

这段报道使我们知道：王世谊那位李姓朋友拿走了两幅画，其中一幅画满了车马人物，应是《清明上河图》。遗憾的是：当时“文革”，主要是调查历史，而不是追查文物，调查组没有一直追查那位李姓朋友这轴画的下落。建国初期，沈阳、长春、哈尔滨三地皆在大力调查收购解放战争期间清宫散失文物，这轴画可能也已收购到手，就是后来东北博物馆仓库发现的那三本之一。

话分两头，1945年8月15日本投降后，东北民主联军进驻长春，成立警备区，时任警备区参谋长的张克威非常关心伪皇宫中文物的去向，曾交代过下属四处搜集。

张克威，1901年生于吉林市。1920年赴美求学，完成了明尼苏达大学农学院的全部课程。1930年，张克威回到祖国，正赶上“9·18”事变，实业救国的梦想破灭了，于是，他投入了抗日斗争中。1936年9月，张克威加入了中国共产党。1945年8月，曾任光复后的长春警备区参谋长。解放后，张克威辞去东北人民政府林业部副部长的职务，主动承担起筹建沈阳农学院的任务。1974年3月，在“文革”中遭到迫害，张克威含冤辞世。

2004年沈阳日报记者访问他的夫人、年近80的金棐老人时，她说：张克威当时通过地方干部搜集到《清明上河图》等宋元古画十余幅。张克威知道这些画的重要，细心地把这些书画珍品保存起来。1946 年春夏之交，东北内战全面爆发。从吉林撤退之前，张克威特意把这些画秘藏在老同学张宪武家。1948 年春，东北解放战争取得决定性胜利，张克威到东北行政委员会上任（哈尔滨），便从张宪武家把所藏名画取出，全部上交给东北行政委员会主席林枫同志。林枫对此很重视，立即找来东北文物保管委员会的人进行鉴定。后来，东北文管会从哈尔滨迁到沈阳，因为当时还比较混乱，书画便放到了较为安全的东北银行暂存。

当时东北文物保管处的处长是王修。在辽宁人民出版社出版的《忆林枫》一书中，有王修的回忆文章《关心东北文物工作》，其中对张克威收藏并献出《清明上河图》等宋元名画的经过有详细记载，所述经过与金棐老人的讲述完全相同。……。现在，沈阳农学院的一些老先生也清楚地知道。老教授刘斌专门研究这件事，说起来如数家珍。沈阳农学院党委和宣传部也特别重视老院长当年献出《清明上河图》的事迹，并形成专门文件，送有关部门备考。（2004 年 11 月，沈阳日报，庞铁明文）。但张克威这本《清明上河图》是否真本也难断定，因为当时经手人是否有鉴别真、赝的能力是不清楚的。

接下来就应说到书画鉴赏家，著名学者杨仁恺先生。他是四川岳池县人，1915 年生。解放前就一直从事古代书画鉴赏工作，是这方面的著名学者。新中国成立之初，他在北京，郭沫若曾推荐他去国家文物局，因编制已满，未果。1949 年东北人民政府在沈阳成立，文物管理委员会文化部邀请他到东北工作。1950 年 5 月 1 日前夕，他到沈阳文管会报到，任研究员，就住在沈阳故宫西侧的文溯阁。1949 年，在国民党时代的“沈阳博物院古物馆”基础上成立的东北博物馆已于 7

月7日开馆，由于展品甚少，东北局书记陈云下令将原存东北银行的一批溥仪文物120余卷册拨交文管会。50年冬，杨仁恺即和研究室的同志们去清点和鉴别这些文物。由于这些书画流传久远，许多上面都没有署名款，加上没有任何辅助资料可借鉴，因此鉴定困难相当大。起初一位工作人员把一本《清明上河图》认为是真本，拟自己收藏，杨仁恺认为是赝品，未予理会。当时大家把初步认定的真迹和值得研究的文物放在了一起，把认为是赝品的作品都放在里屋的库房中。一天，杨仁恺偶然走进了库房，随手拿起一轴长卷缓缓打开一看，5米多长的绢画上没有署名，但画中的建筑服饰、生活场面和人物街景的描绘方式与先前看到的摹本有天壤之别。接着又发现画后有金人燕山张著的题跋，文仅80余字，却有作者张择端的身世简介，已可肯定是张择端的真本。后来杨老在1999年出版的《国宝沉浮录》（增订本）中描述当时的场景："顿时目为之明，惊喜若狂，得见庐山真面目，此种心情之激动，不可言状。"当时在那批书画中共有三本《清明上河图》，另一本也经杨老鉴定为明仇英所绘，其他一本为赝本。《清明上河图》真本的发现是个很了不起的文物重大贡献，随后就一直在东北博物馆的文物展中展出，当时还印了许多宣传画来广为介绍。杨仁恺先生后历任辽宁省文史馆博物馆副馆长、名誉馆长等职，2000年10月辽宁省政府授予他"人民鉴赏家"的荣誉称号，2004年辽博新馆建成，请他题新的名匾。

8.4 由东北博物馆上调北京故宫博物院

1954年发生高岗、饶漱石事件，大区撤销，东北人民政府随之撤销，辽东、辽西两省合并到沈阳成立新的辽宁省。1955年北京国家文物局局长郑振铎将《清明上河图》调归北京故宫博物院保藏，但作为珍品，极少展出。有人说1953年就在北京故宫博物院看到的《清明上河图》，是赝品。直到1999年10月1日新中国成立50周年，举办该院所藏国宝级书画展，才首次全卷展出。2002年12月，上海博物馆50周年馆庆，举办“千年遗珍——晋唐宋元书画展”，借调上海展出。1959年东北博物馆改名辽宁博物馆，筹建新馆，后2004年11月新馆建成，举办“清宫散佚书画国宝展”等七大展览，又将《清明上河图》从北京请回家“省亲”，与家乡父老见面。2005年故宫博物院建院80周年纪念，再次在北京全卷展出。

为了确保《清明上河图》真本这件国宝的安全，1958年国家决定由当时在荣宝斋工作的古画临摹大师冯忠莲女士复制《清明上河图》。当时每天由解放军战士将这幅画带出故宫，由专人在冯忠莲的画室里展开，供她临摹，不许任何人进去，就连冯忠莲的家属都不知道她在干什么。临摹直到1980年才最终完成，历时22年。现在这个临摹本被定为国家一级文物，成了许多展览中代替原作展出的作品。（“中国电视报”，2011年8月30日报道）

8.5 附记

附带说明，前述伪满皇宫警卫兵班长去小白楼抢画轴的事也是杨仁恺先生在中央电视台记者询问谈话时提到的。由于伪皇宫佚失国宝极多，东北文化部于1952年曾派杨老等人专门去长春调查收购，期间找到了当时在银行工作的金香慧，他说抢的那些画后来存放在一个当律师的亲戚家里。杨老曾从律师那里要回来好几十件文物，但这之前有几件已被那律师卖掉了。（见2008年1月15日沈阳日报摘转杨继军主编《大家①》，商务印书馆出版）。该文还提到：“国民党东北军事长官郑洞国很喜欢文物，东北民主联军进入长春时他把《万岁通天帖》拿出来交给我们部队”。据《黄埔忠魂——郑洞国传》（团结出版社出版，2003 年）所载，郑洞国将军驻节长春时，获知伪皇宫文物曾被抢劫一空，痛感国宝流失，曾派人抢救性的收购到一部分。1948 年长春解放他离开长春时，只随身携带了一幅最喜爱的宋赵孟頫的《浴马图》，后来他把这件国宝捐赠给国家。1955 年，他已担任全国政协委员、政协文史资料委员会专员之职，想起还有一批当年收藏的字画留在长春的兵团司令部里，就向国家文物机关反映这些情况。后由“文化部文物局局长郑振铎亲自出面，与沈阳军区联系，终于从当年解放军缴获的一大堆作战地图和档案中找到了这批字画，其中有唐代的《万岁通天帖》等稀世之宝”。这个叙述与前文略有出入，谨一并列出，供参考。

附录

1962 年论文《我国古代的特殊结构木桥——梁架拱》节录

在前文“虹桥—梁架拱的结构研究”几近完成时，我又几经搜索，终于从存书中找出了 1962 年全国土木工程学会年会的那本《论文摘要汇编》，当时共收到论文 173 篇，全部皆以摘要形式发表。下面将其中刊出的拙文《我国古代的特殊结构木桥——梁架拱》摘要影印如附图 1 所示，作为参考。

126.我国古代的特殊結构木桥一梁架拱，辽宁省交通厅，王伯惠

本文作者从我国宋代名画家张择端所繪的清明上河图中的汴梁虹桥談起，介紹九百多年以前我国劳动人民以較短的木料，以最簡单的联結方法作成大跨径的木桥的重大成就。由于其构造系以若干个簡支梁悬空架搭起来，因此可以取名为“梁架拱”。

文内对梁架拱的結构特点，各种力学計算方法以及梁架在荷重下的沉陷量等作了詳細的介紹分析。联系到实际应用方面，作者以梁架拱作石拱桥拱架为例介紹了一个計算示例。

作者認为梁架拱式构造是利用短木料修建长跨径木桥的一种聪明的方法，結构簡单，稳固可靠，而且充分利用了木料抗彎强度高的特点，就好象石砌拱充分发揮石料抗压强度高的特点一样，在世界桥梁史上是一种最大的貢献。

作者提出了这种結构的几何計算方法和近似的力学計算法，其特点是每根构件梁都是簡支梁，整个結构也可以看成是一根簡支梁。当内部节点連接构造是用簡单的方法和端支点固定不完全的时候，这样考虑是比較合理而又偏于安全的。

根据上述方法的核算表明，这种結构可用于跨經15米以下載重汽－8級的公路桥，跨径20米以下的人行桥以及跨径15米以下的拱桥支架。

在架設方面作者認为有許多問題有待今后实践中进一步摸索，但必須注意如下二点：

1．必須按照精确的大样图按排或預备木料，

2．縱橫方向皆須加設交叉斜撑，以防止受荷后发生歪扭或翘曲。按装过程也应注意勿使发生原始的扭曲。

附图 1 《我国古代的特殊结构木桥——梁架拱》摘要

（自 1962 年中国土木工程学会年会论文摘要汇编）

接着经翻箱倒柜，我又终于找出了50年前那篇论文的手稿。稿纸已经发黄，但还保存着当初研究虹桥的一些认识和思路，其中有一些内容与此次论文基本相似，不再重复，下面将该文中一些在此次论文未提到未包括的部分进行摘录，作为拾遗补充。

一、梁架拱的创始——飞桥（略）

二、梁架拱的构造（节录原文4～5页）

现今的拱式结构由构成的构件情况来划分可以概括为如下的几种形式（附图2）：

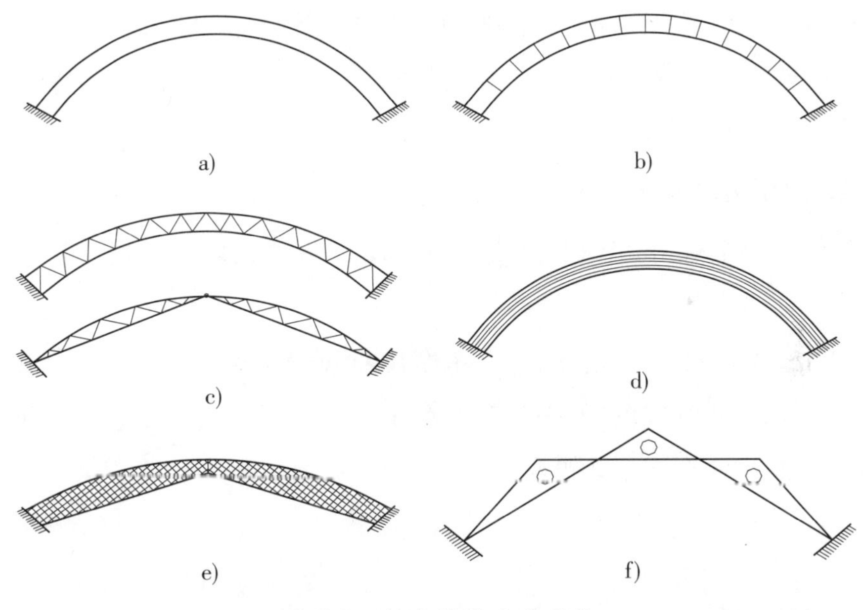

附图2 拱式结构几种形式

1. 完全整体的拱身：如混凝土拱。木料是不能这样作拱的，如附图2a）所示。

2. 用一块块个别块体砌成的拱：如浆砌料石拱。木料也不宜这样来作拱，如附图2b）所示。

3. 用构件组成的空腹桁架式拱：木料可以这样操作，但节点构造很复杂，如附图 2c）所示。

4. 将板弯曲层层重叠作成拱身：这是木料作拱的一种常见形式，板间可用胶结合或夹紧扣件依靠板的摩擦来结合，如近代常用的夹板拱架，如附图 2d）所示。

5. 将木板钉成钉板梁，然后作成拱身：前苏联有钉板梁式桥的标准图，如附图 2e）所示。

6. 宋代的“飞桥”创造了一种完全新的木拱构成方法，可以划分为第六种类型：用简支木梁叠架成拱，我们特别取名为“梁架拱”。因为是用一根根简支梁叠架起来的。这种结构构造最简单，充分发挥了木料抗弯能力大的特点，与木板拱比较起来，还免去了将整根木料分锯成片重又联接起来的麻烦如附图 2f）所示。

三、梁架拱的力学计算

梁架拱力学计算的中心问题在于确定纵梁的高度（直径）和横梁的高度。

应当根据构件在结构中的实际作用状况来进行结构力学分析。梁架拱应计算每根组成的梁——构件梁的工作情况。试以任一根梁的受力为例，如附图 3a)，梁架拱中一纵梁 AB，上端支于横梁 A，下端支于横梁 B，中间由横梁 C 传递竖向荷载 P。此 P 分解为垂直于梁身的荷重 P_N 以及顺梁身的荷重 P_F。在 AB 端亦各有反力 N_A，F_A 及 N_B，F_B。

显而易见：
$$N_A = N_B = \frac{1}{2}P_N$$

F_A 及 F_B 不是依靠纵横梁之间的摩阻力（这个数值很小），而是依靠纵横梁之间的联结构造来传递的。如果两端联结形式相同，而且由于结构和荷重的对称，我们有理由可以假定 $F_A = F_B$，于是得：

$$F_A = F_B = \frac{1}{2}P_F$$

这样，两端反力的合力 R_A 及 R_B 就是与原来的竖向荷重 P 相平行的竖向反力。

其次，像一般结构一样，假设荷重都作用于梁的轴线上，与梁长比较起来，支点横梁也可当作一个点（而不是一个大圆），则梁的受力就可以简化为如附图 3b）所示的形式。把这作为每根短梁的基本受力图式，我们就可以得到对这种结构的近似的分析计算方法。

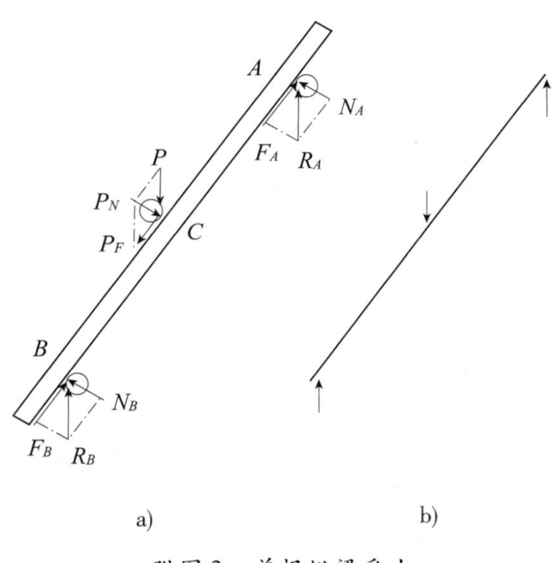

附图 3　单根纵梁受力

（1）逐次分配法

试以一个最简单的三梁式拱为例。中部承受荷重 $P=1$，通过横梁I到纵梁 2，其两端的反力为 $r_2 = r_{2'} = \frac{1}{2}$（附图 4b）。这个反力又作为梁 1 及 1’ 的荷重而传到支点 A、横梁I及支点 A'、横梁I’ 上去，作用力各为$\frac{1}{4}P$（附图 4c））。传到支点上去的力不再传布了，而传达到横梁I上去的力$\left(2\times\frac{1}{4}P\right)$，则又作为梁1的荷重再度传达分配到各个中间支点（横梁）和两端支点上去，附图4d）。于是，这样逐次分配，各点作用的力Q将是这些分配值的总和。这些数值形成一个级数，其极限和就是所求的各点的作用力之值。横梁Ⅰ作用到纵梁2之上的力Q_1为：

$$Q_1=1+\frac{1}{2}+\frac{1}{4}+\frac{1}{8}+\cdots+\frac{1}{2^n}=1+1=2\left(注:\frac{1}{2}+\frac{1}{4}+\frac{1}{8}+\cdots+\frac{1}{2^n}=1\right)$$

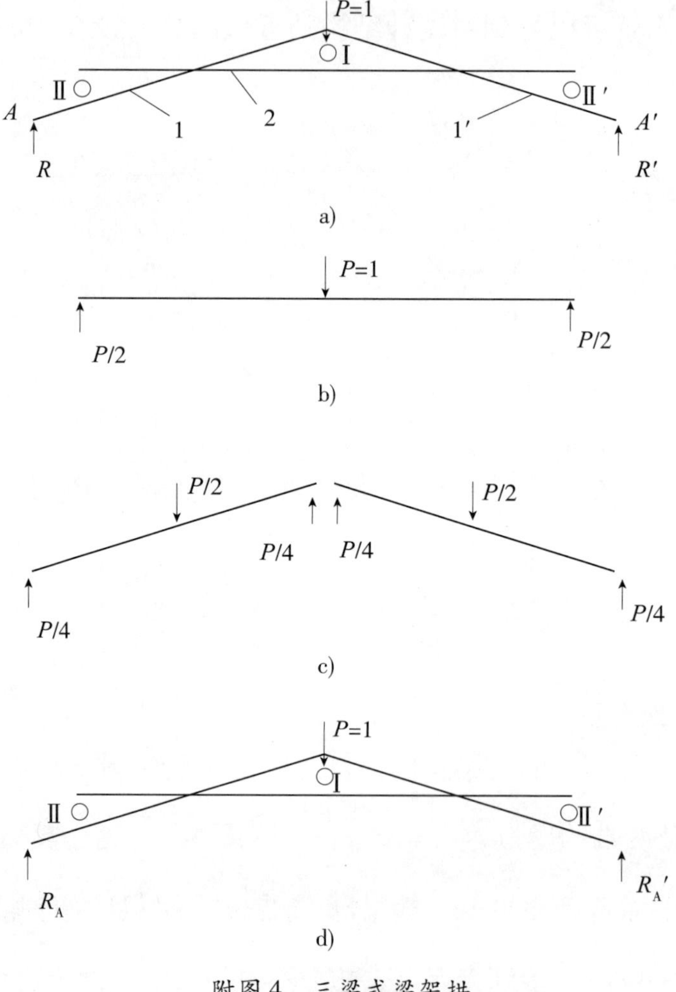

附图4　三梁式梁架拱

横梁Ⅱ（Ⅱ′）作用到纵梁 1（1′）之上的力 Q_2（Q_2'）为：

$$Q_2 = Q_2' = \frac{1}{2} + \frac{1}{4} + \frac{1}{8} + \frac{1}{16} + \cdots + \frac{1}{2^n} = 1$$

而支点反力 R_A 及 R_A' 为：

$$R_A = R_A' = \frac{1}{4} + \frac{1}{8} + \frac{1}{16} + \frac{1}{32} + \cdots + \frac{1}{2^n} = \frac{1}{2}$$

附图 4 所示的作用力逐次分配情况用表表示更为清楚如附图 5 所示。

附图 6 示出荷重非对称的作用在节点 2 时的情况，这时：

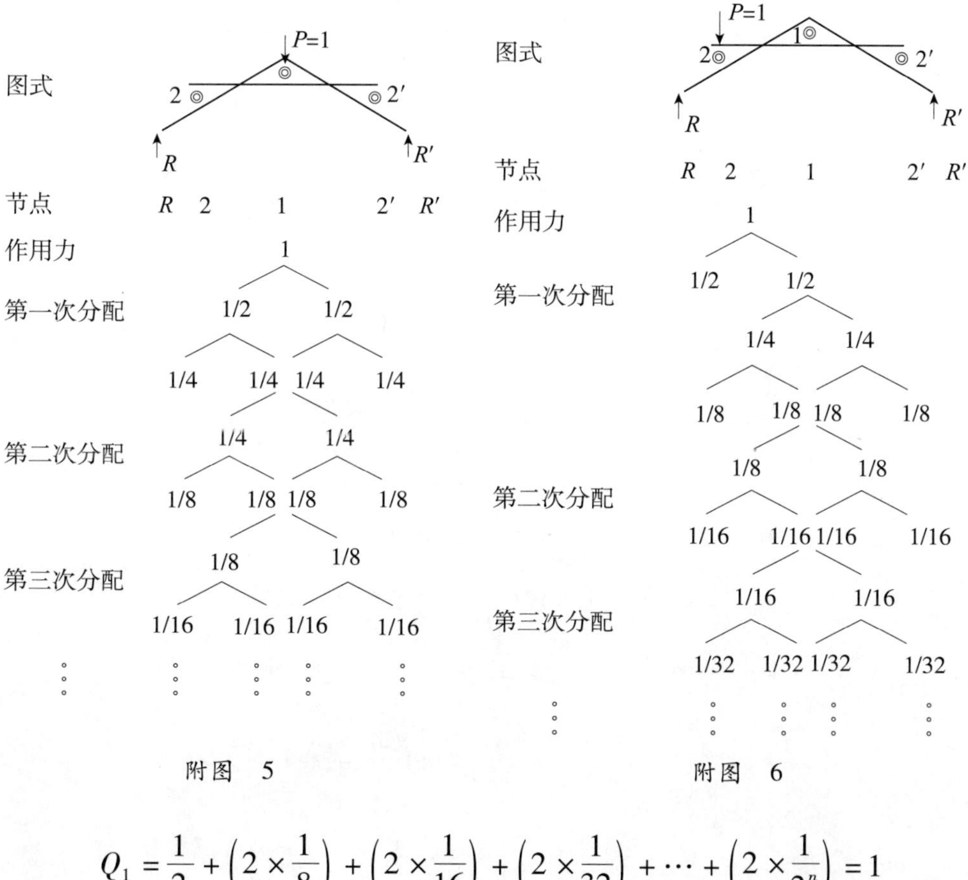

附图　5

附图　6

$$Q_1 = \frac{1}{2} + \left(2 \times \frac{1}{8}\right) + \left(2 \times \frac{1}{16}\right) + \left(2 \times \frac{1}{32}\right) + \cdots + \left(2 \times \frac{1}{2^n}\right) = 1$$

$$Q_2 = 1 + \frac{1}{4} + \frac{1}{8} + \frac{1}{16} + \cdots = 1 + \frac{1}{2} = \frac{3}{2}$$

$$Q_2' = \frac{1}{4} + \frac{1}{8} + \frac{1}{16} + \frac{1}{32} + \cdots = \frac{1}{2}$$

$$Q_R = \frac{1}{2} + \frac{1}{8} + \frac{1}{16} + \frac{1}{32} + \cdots = \frac{3}{4}$$

$$Q_R' = \frac{1}{8} + \frac{1}{16} + \frac{1}{32} + \cdots = \frac{1}{4}$$

而 $Q_R + Q_R' = \frac{3}{4} + \frac{1}{4} = 1$，无误。

当为五梁式时，情况较为复杂。现在也来分析一个例子，先研究在节点 2 及 2’ 上各有荷重 $P=1$ 的情况，如附图 7 所示。

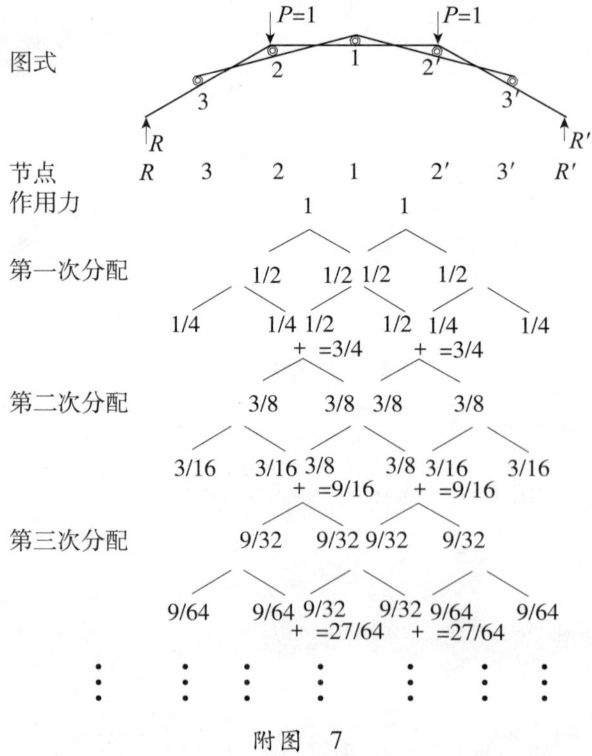

附图 7

由表可得：

$$Q_1 = 2 \times \left[\frac{1}{2} + 3\left(\frac{1}{8}\right) + 3^2\left(\frac{1}{32}\right) + 3^3\left(\frac{1}{128}\right) + \cdots\right]$$

$$= 1 + \frac{3}{4} + \left(\frac{3}{4}\right)^2 + \left(\frac{3}{4}\right)^3 + \cdots + \left(\frac{3}{4}\right)^n + \cdots = 4$$

$$Q_2 = 1 + 3\left(\frac{1}{4}\right) + 3^2\left(\frac{1}{16}\right) + 3^3\left(\frac{1}{64}\right) + \cdots$$

$$= 1 + \frac{3}{4} + \left(\frac{3}{4}\right)^2 + \left(\frac{3}{4}\right)^3 + \cdots = 4 = Q_2'$$

$$Q_3 = \frac{1}{2} + 3\left(\frac{1}{8}\right) + 3^2\left(\frac{1}{32}\right) + \cdots = \frac{1}{2}\left[1 + \frac{3}{4} + \left(\frac{3}{4}\right)^2 + \cdots\right]$$

$$= \frac{1}{2} \times 4 = 2 = Q_3'$$

$$Q_R = \frac{1}{4} + 3\left(\frac{1}{16}\right) + 3^2\left(\frac{1}{64}\right) + \cdots = \frac{1}{4}\left[1 + \frac{3}{4} + \left(\frac{3}{4}\right)^2 + \cdots\right]$$

$$= \frac{1}{4} \times 4 = 1 = Q_R'$$

再研究中部节点 1 处有荷重 $P=1$ 时的情况，如图 8 所示。表中画圈的数值表示还应继续分配下去的作用力，但由于甚为繁杂，暂时不在表上进行分配。由表可见，每个节点的作用力 Q 可以分成两部分，一部分(Q_1）是表中已分配数值构成的级数之和；一部分(Q_2）是尚未分配的画圈的数值进一步分配的结果，画圈数值皆作用在 2 及 2’节点上，且自成一级数，先求其和再行分配也是一样，这个级数的和是：

$$\frac{1}{8} + \frac{1}{16} + \frac{1}{32} + \cdots = \frac{1}{2} + \frac{1}{4} + \frac{1}{8} + \frac{1}{16} + \frac{1}{32} + \cdots - \frac{1}{2} - \frac{1}{4} = 1 - \frac{1}{2} - \frac{1}{4} = \frac{1}{4}$$

由于附图 7 已经研究了在节点 2 及 2’各作用着力 $P=1$ 时的情况，这里在节点 2 及 2’各作用着力 $P=1/4$，可用求附图 7 的 Q 值，就可得相应的(Q_2)，于是：

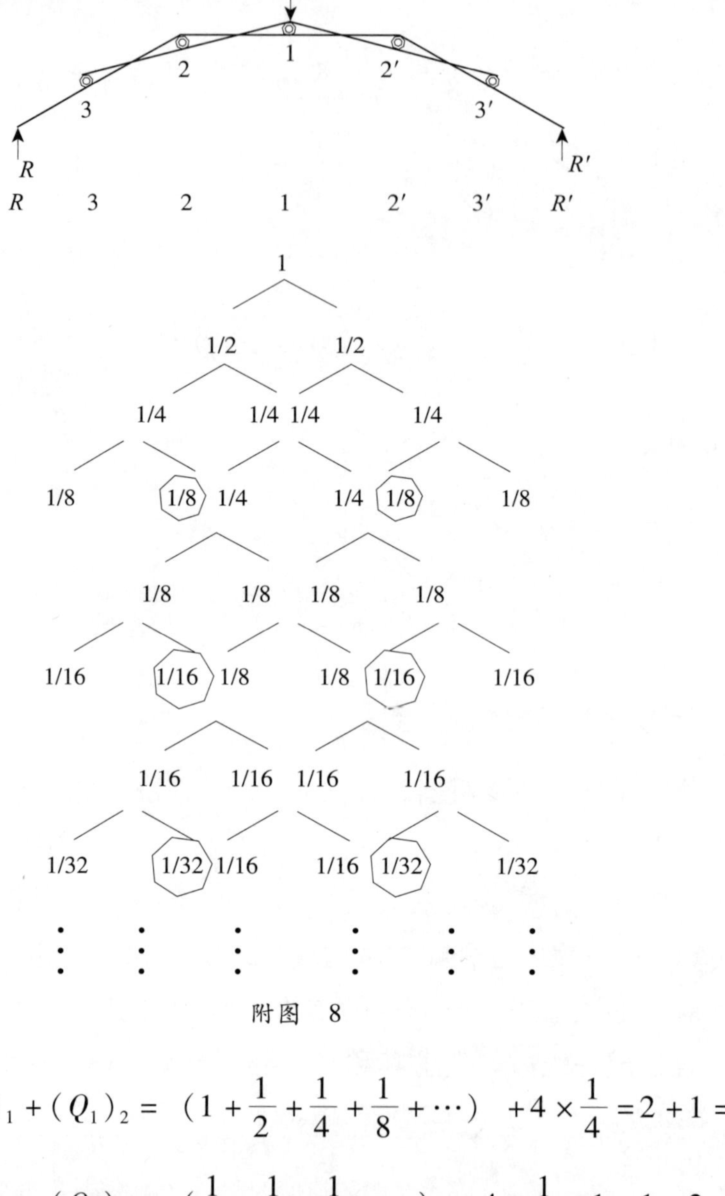

附图 8

$$Q_1=(Q_1)_1+(Q_1)_2=\left(1+\frac{1}{2}+\frac{1}{4}+\frac{1}{8}+\cdots\right)+4\times\frac{1}{4}=2+1=3$$

$$Q_2=(Q_2)_1+(Q_2)_2=\left(\frac{1}{2}+\frac{1}{4}+\frac{1}{8}+\cdots\right)+4\times\frac{1}{4}=1+1=2=Q_2'$$

$$Q_3=(Q_3)_1+(Q_3)_2=\left(\frac{1}{4}+\frac{1}{8}+\frac{1}{16}+\cdots\right)+2\times\frac{1}{4}$$

$$= \left(1 - \frac{1}{2}\right) + \frac{1}{2} = 1 = Q_3{}'$$

$$Q_R = (Q_R)_1 + (Q_R)_2 = \left(\frac{1}{8} + \frac{1}{16} + \frac{1}{32} + \cdots\right) + 1 \times \frac{1}{4}$$

$$= \left(1 - \frac{1}{2} - \frac{1}{4}\right) + \frac{1}{4} = \frac{1}{2} = Q_R{}'$$

其他荷重情况可以按类似的方法进行推算。

（2）逐梁解算法

上面的逐次分配法清楚地表明了梁架拱各纵、横梁间相互作用的力的实质，但计算过程比较繁杂。另外一种方法可以使计算变为十分简单。注意到运用前述的构件梁计算附图 9b)，于两边的第一根构件梁，就得出两边支点反力皆为竖直反力而没有水平反力。这无异说这时整个梁架拱起着简支梁的作用，这时我们就可以先考虑整个简支梁架来求出两端支点的反力，然后由下而上地将各构件当成简支梁进行分析解算。

仍以一个三梁式拱为例，在中点荷重 $P = 1$ 作用下，不管构件之间的内力如何，把整个构件作为一个大的简支梁，可得支点反力为（附图 9）：

$$R_A = R_A{}' = \frac{1}{2}$$

将简支梁工作为自由体，一端作用力 $R_A = \frac{1}{2}$ 为已知，则由于对称：$r_1 = \frac{1}{2}$，及 $Q_2 = \frac{1}{2} + \frac{1}{2} = 1$。

再将梁 1 作为自由体，两端作用力 Q_2 及 $Q_2{}'$ 皆为已知，且皆等于 1。则中间荷重 Q_1 必然为 $Q_1 = 1 + 1 = 2$，或者由图 9b)，也可得：

$Q_1 = r_1 + r_1{}' + P = \frac{1}{2} + \frac{1}{2} + 1 = 2$，核对无误。

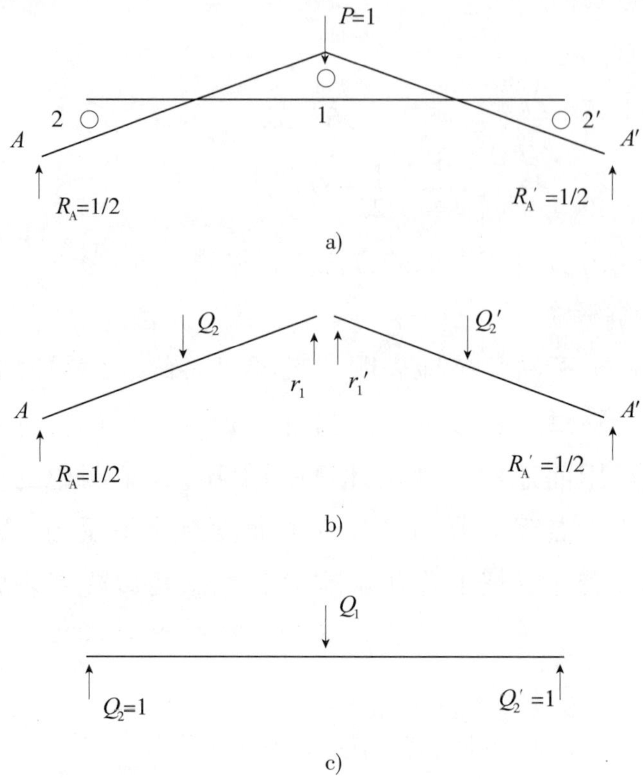

附图 9　三梁式梁架拱逐梁解算

这样算得结果与逐次分配法算得结果完全一致。

再以五梁拱在节点 2 受荷重 $P=1$ 为例（附图 10）。为了再演算时不至引起错误，规定用下面符号：

R_{ab} 表示梁 ab 在 a 端得反力；

Q_n 表示横梁 n 作用在梁上的荷重。

由图可见，在节点 3，$Q_3=R_{31}$

在节点 2，$Q_2=R_{2A}+R_{22'}+P$

在节点 1，$Q_1=R_{13}+R_{13'}$

以整个梁架作为简支，可得：

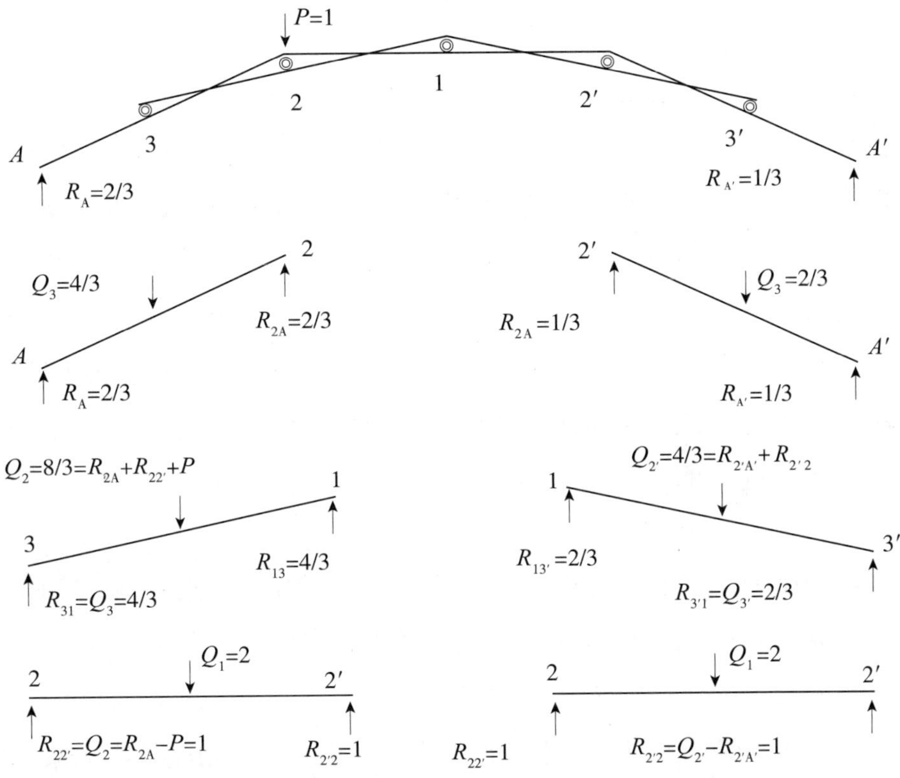

附图 10　五梁拱逐梁解算法

$$R_A=\frac{2}{3}$$

$$R_{A'}=\frac{1}{3}$$

整个计算列在附图 10 上，先自两边拱脚梁 $A2$ 及 $A'2'$ 算起。例如以梁 $A2$ 为自由体时：

$$R_{2A}=R_A=\frac{2}{3}$$

$$Q_3=\frac{2}{3}+\frac{2}{3}=\frac{4}{3}$$

其余解算见图自明，由两边算到中间的梁22′结果是相同的，证明无误。

这种由最下一根梁向上逐根分析的方法十分清楚而又简易，把整个梁架拱作为简支，这是前述的基本假定近似之处。在荷重作用下，拱脚是有可能向外张开移动的，如果支点的条件不允许这种移动，支点就会像一般三铰拱那样发生相应的水平推力。但“拱”体内部各构件及节点必须能保证这种推力的传递。如果用绳索捆扎等简单节点建造方法，受力下构件之间可能产生非弹性滑移，横推力将会大大降低，犹如徐变使预应力结构中钢筋的预应力减弱一样。由此可见，这种计算方法虽然是近似的，但还是偏于安全的。

（3）共轭简支梁法

如果把梁架拱的各个梁放平，并用一般结构符号来表示其间的支承连接，就可以得到如附图11所示的重叠简支梁式的结构，其各个节间距彼此相等（原来梁架拱的各节间距是不相等的）。各构件的工作情况完全满足本节开始所假定的那些条件，这样组成的重叠式梁可以称为原来梁架拱的共轭简支梁。

把共轭梁作为整体考虑，可求出端支点的 R_A 及 $R_{A'}$，和任一节点断面处的弯矩。例如附图11b）中中间节点处1—1断面的弯矩为：

$$M_{1-1}=(M_{1-1}^{RA}-M_{1-1}^{P})=R_A\cdot\xi\cdot L-P\cdot d$$

式中：M_{1-1}^{RA}——力 R_A 对断面1—1的力矩；

M_{1-1}^{P}——力P对断面1—1的力矩，余类推。

按切线 m—m 取梁A2作自由体，平衡力系 R_A、R_{31}、R_{2A}中

$$M_{1-1}^{RA}=M_{1-1}^{R31}+M_{1-1}^{R2A}$$

按切线 n—n 取梁31作自由体，平衡力系 R_{31}、R_{2A}、P、$R_{22'}$中

$$M_{1-1}^{R31}+M_{1-1}^{R2A}=M_{1-1}^{P}+M_{1-1}^{R22'}$$

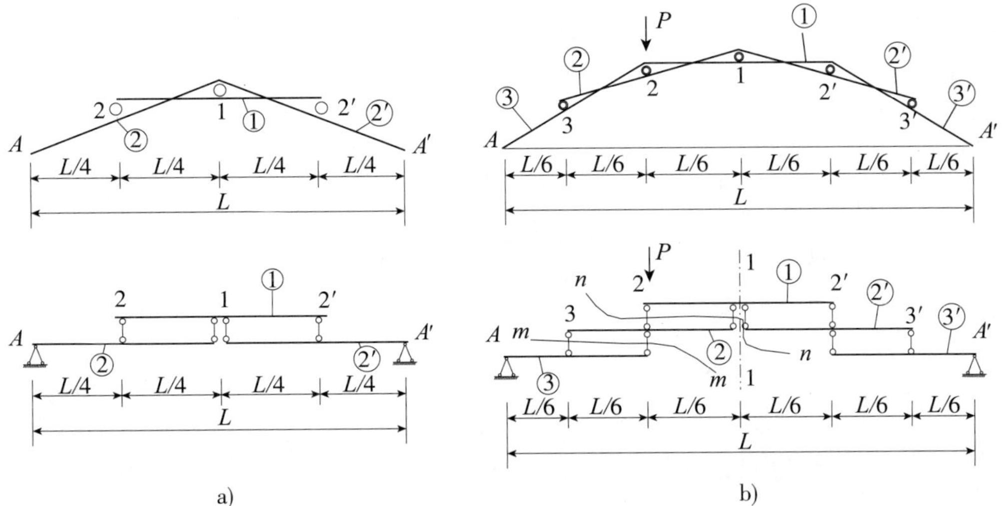

附图 11　共轭简支梁法

所以：　　　　$M_{1-1}^{RA}=M_{1-1}^{P}+M_{1-1}^{R22'}$

即：　　　　$M_{1-1}^{RA}-M_{1-1}^{P}=M_{1-1}^{R22'}$

而 $R_{22'}$ 对 1—1 断面的弯矩 $M_{1-1}^{R22'}$，亦即构件梁 22′的中点弯矩，令等于 m_{1-1}，故可得：

$$M_{1-1}=m_{1-1}$$

即大共轭梁作为整个梁考虑，节点断面 1—1 的弯矩与该断面处的短构件梁的中点弯矩相等。这个原理就提供了一个极为简易的解算各节点弯矩和相应的纵横梁间作用力的方法。(共轭梁的节间长度应取欲求弯矩的节点处的构件梁的水平投影长度之半)。

例如以附图 11 的受偏载的五梁式拱为例，以梁架拱的共轭梁作为整体考虑，顶点弯矩 M_{1-1} 为：

$$M_{1-1}=\frac{2}{3}\times\frac{L}{2}-1\times\frac{L}{6}=\frac{L}{6}$$

取梁 1 为自由体，中点荷重为 Q_1，跨径为 l，中点弯矩应为：

$$m_{1-1}=\frac{Q_1 l}{4}$$

因 $M_{1-1}=m_{1-1}$

可得$\frac{L}{6}=\frac{Q_1 l}{6}$，而 $l=\frac{L}{3}$

故 $Q_1=\frac{4L}{6l}=2$，与前面相符。

节点 2 处弯矩为：$M_{2-2}=\frac{2}{3}\times\frac{L}{3}=\frac{2}{9}L$

取梁 2 为自由体，中点荷重为 Q_2，可得：$m_{2-2}=\frac{Q_2 l}{4}$

因 $M_{2-2}=m_{2-2}$

可得$\frac{2}{9}L=\frac{Q_2 l}{4}$　而 $l=\frac{L}{3}$

故 $Q_2=\frac{2L}{9l}\times 4=\frac{8}{3}$

与前面相符。

因此，如果使共轭梁的节点长度等于所考虑断面处构架梁的水平投影长度之半，则求得共轭梁的 M 值即是该处构件梁的实际弯矩值。这样就可直接根据共轭梁的弯矩计算值 M 来求算构件梁的断面，使计算更简化一步。注意，求算 Q 时只需知道$\frac{L}{l}$的比数即共轭梁的节间数就可，而当计算梁的实际弯矩 M 时就应采用所考虑断面处构件梁的水平投影长度。

四、梁架拱在荷重下的沉陷量

如果利用这种结构作为拱架，还得计算其沉陷量。除了非弹性沉降可按木料接触面个数估算外，弹性沉降量可如下计算。

（1）三梁式

令f_1，f_2…表示简支梁在中点受荷后的弹性沉陷，按$f=\frac{Q\cdot l^3}{48EI}$计算。

δ_1，δ_2…表示梁架拱在节点1、2…的总弹性沉陷。

由附图12，

$$\delta_1=\delta_2+f_1$$

$$\delta_2=\Delta_1+f_2=\frac{\delta_1}{2}+f_2$$

由此解得：

$$\delta_1=2(f_1+f_2)$$

$$\delta_2=f_1+2f_2$$

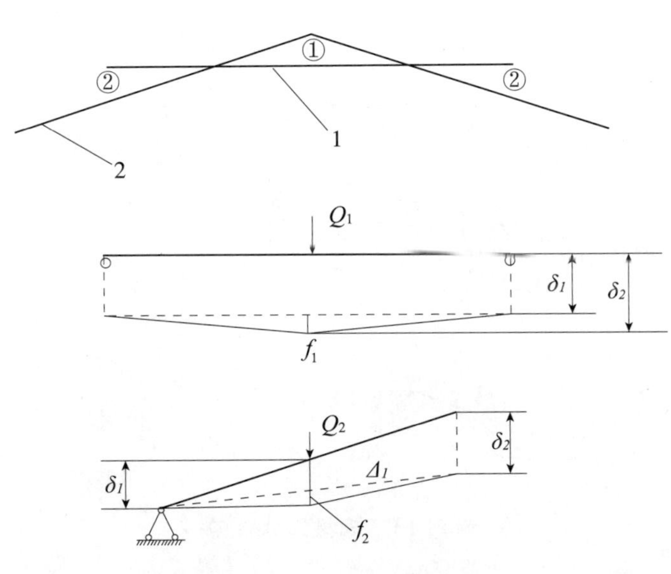

附图12　三梁架拱沉陷

（2）五梁式

由附图13得，

$$\delta_1 = \delta_2 + f_1,$$

$$\delta_2 = \frac{\delta_1 - \delta_3}{2} + \delta_3 + f_2 = \frac{\delta_1 + \delta_3}{2} + f_2$$

$$\delta_3 = \frac{\delta_2}{2} + f_3$$

由此解得：

$$\delta_1 = 2\ (f_1 + f_2)$$

$$\delta_1 = 3f_1 + 4f_2 + 2f_3$$

$$\delta_2 = 2f_1 + 4f_2 + 2f_3$$

$$\delta_3 = f_1 + 2f_2 + 2f_3$$

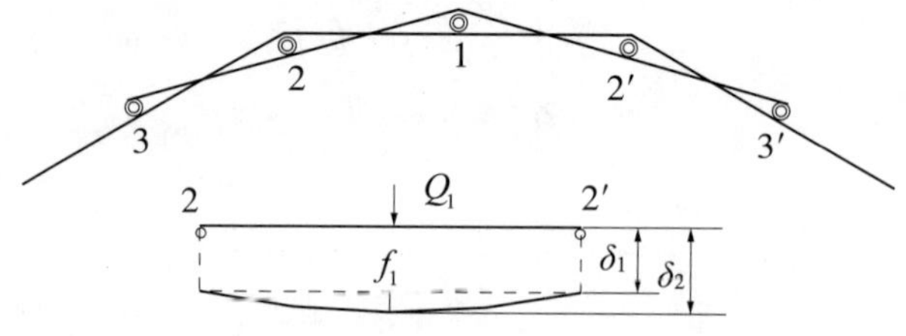

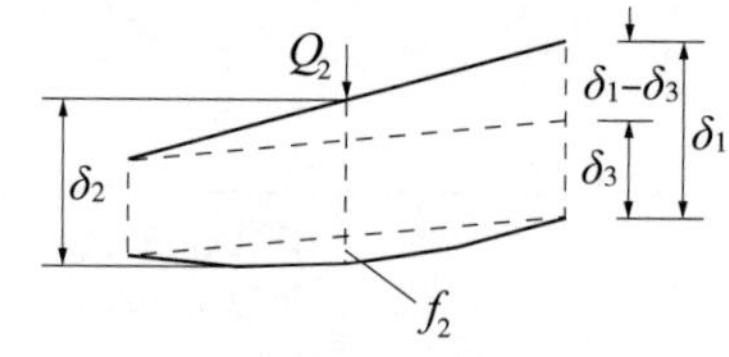

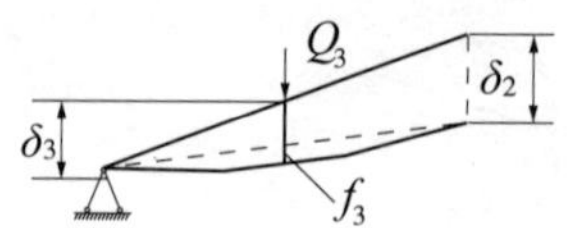

附图 13　五梁架拱沉陷

参考文献

[1] 李大钧等编. 桥梁史话 [M]. 上海：上海科学技术出版社，1979.

[2] 雷绍峰著. 臆说《清明上河图》 [M]. 济南：山东画报出版社，2008.

[3] 伊永文. 开封——中国市民的“摇篮” [J]. 《中国国家地理》，2008，7.

[4] 吴雪杉编著. 张择端《清明上河图》[M]. 北京：北京文物出版社，2009.

[5] 郭沫若主编. 中国史稿地图集，下册 [M]. 北京：中国地图出版社，1990.

[6] 浙江省交通厅编. 浙江桥梁（第二部分）. 民间桥梁（内部发行），1981.

[7] 茅以升主编. 中国古桥技术史 [M]. 北京：北京出版社，1986.

[8] 唐寰澄著. 中国木拱桥 [J]. 桥梁，2011，1，2，4，8.